AF309972

PHARES

ET

FANAUX LENTICULAIRES

DESCRIPTION ET PRIX

DES APPAREILS CONSTRUITS

PAR

L. SAUTTER ET CIE

Avenue Montaigne, 37,

PARIS.

AVEC UNE NOTICE SUR LES PHARES

ET LES INSTRUCTIONS

Pour l'Installation et le Service des Appareils lenticulaires.

PARIS

IMPRIMERIE CENTRALE DE NAPOLÉON CHAIX ET Cie

RUE BERGÈRE, 20, PRÈS DU BOULEVARD MONTMARTRE.

1858

TABLE DES MATIÈRES.

NOTICE

SUR LES

PHARES ET FANAUX

NOTICE

AVANT-PROPOS

Les phares n'ont été longtemps que de simples feux allumés au sommet d'une tour, ou sur un point élevé de la côte, et servant à indiquer aux marins, soit une route à suivre, soit un port à atteindre, soit un écueil à éviter : auxiliaires indispensables de la navigation, ils sont nés probablement en même temps qu'elle, et en ont suivi d'abord, puis favorisé le développement. Ils ont puissamment contribué à multiplier les voyages sur mer, en leur ôtant une partie de leurs difficultés et de leurs dangers, et ils sont devenus, pour les intérêts maritimes d'un pays, ce que sont, pour son commerce intérieur, des voies de communication bien entretenues. En effet, toutes choses égales d'ailleurs, les navires fréquentent de préférence les côtes qui leur offrent l'accès le plus facile et l'hospitalité la plus sûre.

C'est ce qui explique la place élevée qu'occupent les phares dans les travaux publics de toutes les nations civilisées : ils donnent, jusqu'à un certain point, la mesure de leur activité maritime et commerciale ; et cette vérité est aujourd'hui si généralement reconnue, que nous les voyons au premier rang des améliorations réalisées par les pays en voie de progrès, qui veulent le prouver à leurs voisins, développer leur commerce et appeler les navires étrangers dans leurs ports.

Plus les phares ont crû en nombre et en importance, plus il est devenu nécessaire de perfectionner les appareils d'éclairage dont ils sont pourvus. Ce n'étaient d'abord que des feux de bois ou de charbon de terre, ou des torches de résine, ou bien encore des lampes grossières formées de mèches de coton plongeant dans l'huile ou dans le suif. L'invention des lampes à double courant d'air, par Argand, en 1784, fut le premier progrès important réalisé ; puis on augmenta par des réflecteurs le pouvoir de ces lampes. Enfin, en 1821, Augustin Fresnel imagina les phares lenticulaires, et le premier appareil de ce genre fut installé en 1822 sur la tour de Cordouan, à l'embouchure de la Gironde. Cette heureuse application des propriétés connues de la lumière eut un grand retentissement, et le nouveau système ne tarda pas à être adopté par toutes les nations maritimes de l'Europe. Sa supériorité est trop universellement reconnue pour que nous ayons à la défendre. Il suffit de dire qu'aujourd'hui non-seulement on ne construit plus d'appareils catoptriques, mais ceux existants sont presque partout remplacés par des appareils lenticulaires.

C'est dans les enquêtes et dans les discussions qui ont précédé l'adoption de cette mesure, qu'il faut chercher la réfutation des objections qui ont été faites aux phares de Fresnel, au moment de leur apparition. Nous croyons cependant utile de les rappeler et d'y répondre sommairement, parce que, aux yeux des États étrangers et lointains, placés dans d'autres conditions et ne disposant pas des mêmes ressources que nos États d'Europe, elles peuvent encore paraître sérieuses.

Remarquons d'abord que s'il y a un choix à faire, ce ne peut être qu'entre les appareils d'éclairage ; que les tours qui les supportent, les lanternes qui les enveloppent et les protégent, sont les mêmes dans tous les cas, et que pour les appareils, le seul système qu'on puisse mettre en regard du système lenticulaire, est le système catoptrique, dans lequel la lumière est produite par un certain nombre de lampes pourvues de réflecteurs, tandis que dans les phares lenticulaires ou dioptriques, la flamme d'une lampe unique est multipliée par l'effet d'une sorte de tambour en verre au centre duquel elle se trouve placée.

On a reproché aux appareils dioptriques d'être plus chers que les anciens : ils le sont en réalité beaucoup moins, si l'on tient compte du résultat obtenu. Leur éclat est plus considérable, avec une moindre consommation d'huile ; en d'autres termes, une quantité donnée d'huile brûlée dans un appareil lenticulaire produit quatre fois plus de lumière que la même quantité d'huile brûlée dans un appareil à réflecteurs. Il y a donc réellement économie à employer le premier. L'augmentation, très-faible d'ailleurs, des frais d'établissement, est compensée, à effet égal, par une réduction dans les frais d'éclairage, et à frais d'éclairage égaux, par une augmentation considérable de l'effet.

D'ailleurs, les frais d'acquisition de l'appareil sont minimes en comparaison de ceux qu'entraîne la construction de la tour et de la lanterne, qui, nous le répétons, sont les mêmes dans tous les cas.

Le nom seul des phares lenticulaires fait supposer à beaucoup de personnes qu'ils sont d'une construction et d'une manœuvre trop délicate pour pouvoir, sans danger, être confiés aux mains souvent malhabiles et grossières des gardiens. Il est vrai qu'ils sont en verre, et par conséquent fragiles ; mais ils ne le sont pas plus que les vitrages de la lanterne qui sert d'enveloppe à l'appareil, quel qu'il soit. En outre, une écornure faite à un prisme par un gardien maladroit n'enlèvera, pour ainsi dire, rien à l'effet du phare ; tandis que le nettoyage imparfait d'un réflecteur, une bosse ou des raies à sa surface, un défaut d'exactitude dans la manière dont on le replace, peuvent lui ôter la plus grande partie de son éclat.

L'entretien des lampes nombreuses des appareils catoptriques et leur surveillance pendant la nuit, est plus pénible et offre plus de chances d'être mal fait que le service de la lampe unique qui éclaire les appareils lenticulaires. En cas d'accident qui arrêterait la marche de celle-ci, elle peut être promptement remplacée par une autre que le gardien tient toute prête à sa portée. Le mécanisme de ces lampes est simple, et, bien entretenues, elles fonctionnent des années sans interruption. Enfin, dans le plus grand nombre des cas, on peut leur substituer des lampes à réservoir supérieur, qui ne renferment aucune espèce de mécanisme, et sont, par conséquent, à l'abri de toute chance de dérangement. Nous reviendrons, au reste, sur ce sujet dans l'article spécial que nous consacrerons aux lampes des phares.

Une autre objection à l'adoption des phares lenticulaires est la pensée que des moyens d'éclairage plus puissants et plus économiques ne tarderont pas à remplacer les moyens actuels. Aux appareils *présents* on oppose, non plus les appareils *anciens*, mais les appareils *à venir*. On compte surtout sur la lumière électrique ; quelques essais ont même déjà été tentés pour l'appliquer aux phares ; mais, dans l'état actuel des choses, cette application n'est possible que dans un petit nombre de cas particuliers et entre des mains exercées. Sans douter le moins du monde des progrès de la science et des changements qu'elle doit apporter aux procédés aujourd'hui en usage, nous pouvons affirmer qu'au point où elle est aujourd'hui parvenue, l'éclairage électrique n'est encore ni pratique, ni économique. Il est plus que probable que le problème sera résolu un jour ; en attendant, la lampe à huile ordinaire, végétale ou animale, est le moyen d'éclairage le plus sûr et le plus simple. Les huiles minérales peuvent lui être substituées dans les petits appareils : on parviendra probablement à les brûler aussi dans les grands, bien que cela présente des difficultés. Quoi qu'il en soit, quelque lumière qu'on emploie, il y aura toujours avantage à la placer au centre de ces puissants réfracteurs qui en augmentent l'éclat et la portée dans une énorme proportion, et qui, bien qu'éclairés actuellement avec des lampes à huile, se prêteront parfaitement à leur remplacement par toute autre source de lumière.

Les phares diffèrent non-seulement par leur dimension et leur pouvoir éclairant, mais par l'apparence particulière de leur feu : Ils peuvent présenter un feu fixe, ou une succession d'éclats apparaissant à des intervalles plus ou moins longs, ou un feu fixe varié par des éclats : il y a des feux blancs, des feux colorés, des feux alternativement blancs et colorés. Nous avons réuni dans ce tarif les dessins et les prix des différents appareils qui se construisent aujourd'hui. Nous les faisons précéder d'une courte notice dans laquelle les principales questions relatives à l'éclairage des côtes seront sommairement examinées, et les considérations de nature à guider dans le choix d'un appareil passées en revue. Outre qu'elle sera un commentaire utile de notre série de prix, cette notice pourra, nous le pensons, rendre service aux personnes qui s'occupent de questions de phares, en leur présentant sur ce sujet des renseignements épars dans un grand nombre de publications, et en leur indiquant les sources auxquelles elles pourront, au besoin, aller puiser des informations plus détaillées.

Nous examinerons d'abord les différentes sortes d'appareils, nous attachant à en bien définir l'apparence et la valeur lumineuse, et à présenter les considérations qui, dans une circonstance donnée, doivent faire préférer l'un à l'autre.

Nous entrerons ensuite dans quelques détails sur la construction mécanique des appareils, des machines de rotation et des lampes.

Nous nous occuperons en troisième ligne des appareils de moindre importance ou de nature spéciale, désignés sous le nom de *feux de port*, *feux de direction*, *feux flottants*, et des *fanaux pour l'éclairage des navires*.

Nous terminerons par quelques détails sur les tours en maçonnerie ou en fonte, sur les conditions auxquelles elles doivent satisfaire ; leur distribution intérieure, leurs dimensions, enfin sur les règles à suivre et les précautions à observer dans leur construction.

On trouvera à la suite de cette notice deux instructions, l'une pour l'installation, l'autre pour le service des phares et des fanaux. La première est un extrait de l'instruction que nous remettons aux monteurs envoyés généralement par nous pour diriger la mise en place des appareils ; la seconde est une copie des règlements en vigueur dans l'administration des phares de France, avec quelques additions relatives à de nouveaux systèmes de lampes en usage depuis peu de temps.

NOTICE

CHAPITRE PREMIER.

Dispositions optiques des Appareils.

Tous les appareils lenticulaires se composent d'une lampe placée au centre d'une enveloppe en verre, cylindrique ou polygonale, fixe ou mobile, qui sert à en augmenter l'éclat et à en faire varier l'apparence.

Cette enveloppe se compose de trois parties: une centrale ou *dioptrique*, et deux auxiliaires ou *catadioptriques*, placées l'une au-dessous, l'autre au-dessus de la partie centrale.

Chacune de ces *parties* ou *zones*, pour la facilité de la construction et du montage, n'est pas faite d'une seule pièce : elle est composée de plusieurs panneaux juxtaposés. Ces panneaux sont des segments de cylindre dans les phares fixes, et des faces de polyèdre dans les phares à éclats.

L'ordre d'un appareil est caractérisé par sa *distance focale*, c'est-à-dire par la plus courte distance de la lampe à l'enveloppe de verre dont nous venons de parler. L'importance et l'éclat du phare, la dimension de sa lampe, la quantité d'huile qu'elle brûle, varient en proportion de sa distance focale.

On distingue six ordres de phares :

Les trois premiers ou *grands ordres*, ont 0ᵐ 96, 0ᵐ 70 et 0ᵐ 50 de distance focale.

Les trois derniers ou *petits ordres* ont 0ᵐ 25, 0ᵐ 19 et 0ᵐ 15.

L'ingénieur chargé de la construction d'un phare est avant tout appelé à se décider sur l'ordre de l'appareil qu'il y installera.

Trop de considérations de nature différente doivent déterminer son choix pour qu'il soit possible d'établir à cet égard des règles fixes ; nous nous bornerons donc à indiquer les principes généraux suivants :

Principes généraux. 1° Les phares de *premier ordre* sont réservés pour les points les plus avancés d'une côte, ceux qui doivent être signalés les premiers aux navires venant du large ;

2° On emploie les appareils d'ordres inférieurs et les feux colorés, dans les mers étroites, les détroits, ou pour marquer l'entrée d'une rade, d'un port, la direction d'une passe ;

3° Toutes choses égales d'ailleurs, les appareils doivent être plus puissants dans les climats brumeux ;

4° Il faut éviter de multiplier inutilement les phares d'une côte, et cependant les rapprocher assez pour que l'un ne soit jamais perdu de vue avant le point où le suivant commence à apparaître ;

5° Il faut autant que possible ne construire aucun phare sans le rattacher à un plan général d'éclairage de la côte sur laquelle il doit être placé. Si cette côte est déjà en partie éclairée, la nature des phares existants devra être prise en considération.

Cas particuliers. Quelquefois l'ingénieur doit utiliser pour l'installation de son appareil une tour ancienne, d'une dimension déterminée, et ne pouvant admettre que des phares d'un certain ordre. D'autres fois, les ressources dont il dispose, soit pour l'établissement, soit pour l'entretien du phare, sont limitées, et il faut qu'il y proportionne ses dépenses ; le tableau suivant lui permettra de comparer à ces différents points de vue les phares des différents ordres ; il résume et met en regard les renseignements contenus avec plus de détail dans le tarif.

	1er Ordre.	2e Ordre.	3e Ordre.	4e Ordre.	5e Ordre.	6e Ordre.
1° INTENSITÉ exprimée en *becs carcel* des phares à feu fixe.	600	345	110	60	20	11
2° INTENSITÉ exprimée en *becs carcel* des phares à éclats de minute en minute.	4,050	2,300	1,000	350	»	»
3° PORTÉE des phares à feu fixe exprimée en *milles marins*. . . .	20	17	15	13	10	9
4° PORTÉE des phares à éclats de minute en minute exprimée en *milles marins*.	33	26	20	17	»	»
5° DIAMÈTRE extérieur minimum du haut de la tour, mesuré au-dessous de la corniche, exprimé en *mètres*.	4,10	3,50	2,95	2,10	1,90	1,80
6° HAUTEUR minimum de l'appareil au-dessus du niveau de la mer, exprimée en *mètres*.	50	40	30	20	15	10
7° CONSOMMATION d'huile par heure, exprimée en *grammes*.	750	500	200	150	90	90
8° PRIX minimum de l'appareil, de sa lanterne et de tous ses accessoires.	46,430 fr.	30,335 fr.	16,7.0 fr.	5,800 fr.	5,000 fr.	4,360 fr.
9° PRIX maximum de l'appareil, de sa lanterne et de tous ses accessoires.	76,420 fr.	53,410 fr.	36,900 fr.	11,570 fr.	8,160 fr.	»

Une fois fixé sur *l'ordre* de l'appareil, l'ingénieur aura à choisir entre les différentes apparences que les phares de chaque ordre peuvent présenter. Il consultera d'abord l'apparence des phares voisins. Deux feux pareils doivent toujours être placés à une distance l'un de l'autre suffisante pour éviter toute chance d'erreur. Cette distance ne sera pas moindre de cent milles dans les grandes mers; elle pourra être plus faible dans les mers étroites.

Les phares tournants, qui ont une portée plus grande que les phares fixes, doivent être placés à l'avant-garde, sur les points de la côte les plus saillants.

Les phares tournants se distinguent les uns des autres par la différence de durée des éclipses qui séparent les éclats. Cette différence doit être assez tranchée pour qu'on puisse l'apprécier aisément sans montre. Les intervalles généralement adoptés sont de 60 secondes, 30 secondes et 15 secondes.

La combinaison du feu fixe et du feu tournant fournit une autre apparence de feu, désignée sous le nom de *phare à feu fixe varié par les éclats*; mais quelques personnes, parmi lesquelles l'ingénieur distingué des phares d'Ecosse, M. Stevenson, repoussent en principe cette apparence comme n'étant pas assez caractéristique et pouvant trop facilement être confondue, soit avec le feu fixe, soit avec le feu à éclats.

Les appareils colorés ont longtemps été proscrits en principe par l'administration des phares de France. On trouvait que l'intensité en était trop faible, et que par les temps de brume, ils pouvaient être confondus avec les feux blancs. Il résulte d'expériences récentes, que leur visibilité est beaucoup plus grande qu'on ne l'avait cru, et qu'il ne faut pas se fier pour l'apprécier aux mesures photométriques, sans doute parce que les rayons rouges produisent sur la rétine, à intensité égale, une impression plus vive que tous les autres. Aussi, revient-on maintenant, en France, à l'emploi des feux rouges. Afin que par les temps brumeux ils ne puissent être confondus avec les feux blancs, il est préférable de rapprocher ou mieux encore de faire alterner les deux couleurs. Il y aurait cependant un inconvénient à faire des phares à éclats alternativement blancs et rouges. L'éclat rouge, quoique visible plus loin qu'on ne l'avait cru d'abord, ayant, après tout, une portée moindre que l'éclat blanc, à une certaine distance celui-ci paraîtrait seul, et il pourrait en résulter des méprises.

Cet inconvénient n'existerait pas dans le phare à feu fixe blanc varié par des éclats rouges, l'affaiblissement causé par la coloration étant compensé par la plus grande intensité lumineuse de l'éclat. Aussi, parmi les appareils colorés, est-ce celui-là qui nous semble le meilleur.

Quant aux feux verts, ils ne sont visibles qu'à une faible distance, et il vaut mieux les proscrire d'une manière absolue.

En résumé, les apparences différentes que les phares des quatre premiers ordres peuvent présenter, sont au nombre de six, savoir :

1° Feu fixe ;
2° Eclats de minute en minute ;
3° Eclats de 30 secondes en 30 secondes ;
4° Eclats de 15 secondes en 15 secondes ;
5° Feu fixe varié par des éclats ;
6° Feu fixe blanc varié par des éclats rouges.

On ne construit d'appareils à éclats de 15 secondes en 15 secondes que dans les phares de premier et de deuxième ordre.

Apparences des phares de cinquième et de sixième ordre

Les appareils de CINQUIÈME ordre sont à éclats blancs et rouges, ou à feu fixe varié par des éclats blancs ou rouges.

Les appareils de SIXIÈME ordre sont à feu fixe blanc ou rouge.

Visibilité à conserver au phare dans l'intervalle des éclats.

Après que l'ingénieur a déterminé l'ordre et l'apparence du feu qu'il veut établir, il lui reste la question suivante à résoudre :

Dans les phares tournants, quelle portion de la lumière convient-il de conserver sous forme de feu fixe ? En d'autres termes :

Faut-il, dans les intervalles des éclats, que la lumière du phare soit totalement éclipsée ou qu'elle conserve une intensité plus ou moins grande, qui permette de le voir à une distance plus ou moins considérable, mais toujours faible en proportion de celle à laquelle on aperçoit l'éclat ?

En Écosse et en Amérique, on trouve que la persistance de la lumière entre les éclats peut causer des méprises, et on préfère, pour cette raison, les éclipses totales. En France, on laisse subsister pendant les éclipses un feu fixe relativement faible, mais toujours visible.

Pour satisfaire à ces différentes conditions, nous construisons des *appareils tournants avec feu fixe en haut et en bas*, ou *avec feu fixe en bas seulement*, ou *sans feu fixe*. — Dans les premiers, le feu fixe persistant dans l'intervalle des éclats est environ le quart de ce qu'il est dans le phare à feu fixe de même ordre. — Il n'en est que la dix-septième partie dans le second, et il est nul dans le troisième.

La lumière ôtée au feu fixe dans le deuxième et le troisième cas, est employée à prolonger l'éclat. — On conçoit, en effet, que celui-ci n'est très-vif qu'à la condition d'être très-court. La lumière qui, dans les phares à feu fixe est répartie uniformément tout autour de l'appareil, est concentrée dans les phares tournants en un certain nombre de faisceaux que le mouvement de rotation du phare promène tout autour de l'horizon. Moins le nombre de ces faisceaux est grand et plus leur éclat est vif, puisque la quantité de lumière qu'ils concentrent est plus considérable ; mais plus aussi, pour une même vitesse de rotation du phare, les intervalles qui les séparent sont longs. Si l'on augmente cette vitesse, on multiplie les apparitions, mais on en abrége la durée. — Le seul moyen d'augmenter la durée des éclats sans augmenter celle des éclipses consiste à les fractionner en deux ou trois éclats disposés de manière à apparaître successivement de telle sorte que l'un commence au moment où l'autre est près de finir. C'est ce qu'il est facile de faire lorsque les zones supérieures et inférieures de l'appareil, au lieu d'être immobiles et d'avoir la forme cylindrique qui convient au feu fixe, participent au mouvement de la zone centrale et ont comme elle la forme polygonale qui donne les éclats. Chaque facette de ces trois surfaces polygonales donne alors son faisceau lumineux, que l'on pourrait faire coïncider afin d'avoir un éclat plus vif, mais qu'il vaut mieux faire se succéder, pour avoir un éclat plus prolongé.

Phares tournants à feu fixe en haut et en bas.

Ainsi, quand le phare est à feu fixe en haut et en bas, les éclats sont donnés par un faisceau unique, et leur durée (pour les phares à éclats de minute en minute) est à celle de l'éclipse *partielle* qui les sépare, dans le rapport de 1 à 6 1/2.

Phares tournants à feu fixe en bas seulement.

Phares tournants sans feu fixe.

Quand le phare est à feu fixe en bas seulement, le faisceau est double, et la durée de l'éclat est à celle de l'éclipse *partielle* dans le rapport de 1 à 2 3/4.

Quand le phare est sans feu fixe, la durée de l'éclat est à celle de l'éclipse *totale* dans le rapport de 1 à 1 1/2.

Ainsi tout ce qu'on perd en intensité lumineuse pendant les éclipses, on le gagne en durée des éclats. — Dans tous les cas, la portée de ceux-ci est toujours bien plus grande que celle du feu fixe, et au delà d'une certaine distance, ils sont seuls visibles ; on peut donc dire que toutes

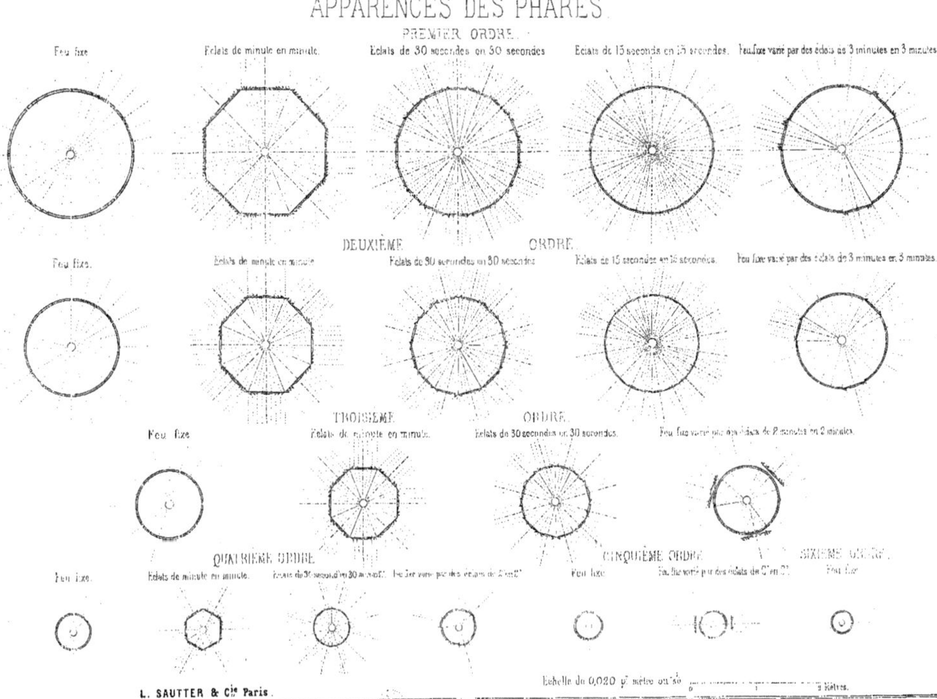

APPARENCES DES PHARES
PREMIER ORDRE
Feu fixe
Eclats de minute en minute.
Eclats de 30 secondes en 30 secondes
Eclats de 15 secondes en 15 secondes.
Feu fixe varié par des éclats de 3 minutes en 3 minutes
DEUXIÈME ORDRE
Feu fixe.
Eclats de minute en minute
Eclats de 30 secondes en 30 secondes
Eclats de 15 secondes en 15 secondes.
Feu fixe varié par des éclats de 3 minutes en 3 minutes.
TROISIÈME ORDRE
Feu fixe
Eclats de minute en minute.
Eclats de 30 secondes en 30 secondes.
Feu fixe varié par des éclats de 2 minutes en 2 minutes.
QUATRIÈME ORDRE
Feu fixe.
Eclats de minute en minute.
Eclats de 30 secondes en 30 secondes.
Feu fixe varié par des éclats de 2 en 2.
CINQUIÈME ORDRE
Feu fixe.
Feu fixe varié par des éclats de 5 en 5.
SIXIÈME ORDRE
Feu fixe
L. SAUTTER & Cie Paris.
Echelle de 0,020 p.r mètre ou 1/50
Mètres.

les fois que l'utilité du phare consiste surtout dans sa grande portée, il y a avantage à sacrifier le feu fixe pour prolonger les éclats.

On remarquera aussi que plus les éclipses sont courtes, moins il y a d'intérêt à ce qu'elles ne soient pas complètes, et que pour ce motif, les appareils à éclats de 15 secondes en 15 secondes sont tous construits sans feu fixe.

Dans le plus grand nombre de cas, les appareils ne doivent pas éclairer tout l'horizon ; on supprime alors un ou plusieurs panneaux optiques dans l'angle qui doit rester obscur, et on les remplace par des réflecteurs qui servent à augmenter l'éclat des panneaux conservés. Il en résulte une notable économie. On conçoit que cette suppression ne peut avoir lieu que dans les appareils à feu fixe, ou dans la partie fixe des appareils tournants. Le tambour mobile, qui dans ces derniers produit les éclats, doit dans tous les cas être complet, puisque le mouvement continu de rotation dont il est animé, amène successivement tous les points de sa circonférence en présence des points à éclairer.

Phares n'éclairant pas tout l'horizon.

CHAPITRE II.

Disposition mécanique des Appareils. — Machines de rotation. — Lampes.

Manchons dormants

Les appareils de *premier, deuxième et troisième* ordre reposent tous sur une douille ou manchon en fonte, scellée sur le sol de la chambre de service. Les coins en fer interposés entre le rebord supérieur de ce manchon et le rebord inférieur correspondant de la colonne ou du bâtis de l'appareil, permettent de régler le niveau de celui-ci dans le cas où les tassements de la maçonnerie l'auraient dérangé.

Le tableau ci-dessous donne la dimension des manchons, qu'il est nécessaire de connaître pour déterminer la dimension de la clef de voûte, dans le cas d'un sol en maçonnerie, et la disposition des poutres, dans le cas d'un plancher en bois ou en fer.

	1ᵉʳ Ordre.	2ᵉ Ordre.	3ᵉ Ordre.
Diamètre extérieur du manchon dormant dans les phares à feu fixe ou à machine de rotation indépendante.	m. 0,31	m. 0,27	m. 0,24
Côté extérieur du manchon dormant carré dans les phares à machine de rotation placée dans le socle de l'appareil.	0,29	0,29	0,29
Hauteur du manchon dormant dans les deux cas.	0,50	0,44	0,40

Installation des petits appareils.

Dans les appareils de *quatrième, cinquième et sixième* ordre, la colonne est fixée avec des vis, soit directement sur le plancher, s'il est en bois, soit, s'il est en maçonnerie, sur un plateau en fonte scellé d'avance dans la pierre.

Colonne et table de service.

Dans tous les appareils, fixes et tournants, se trouve une table fixe portée sur une colonne ou sur un bâtis en fonte : c'est sur elle que repose la lampe et que se tient le gardien lorsqu'il pénètre dans l'intérieur de l'appareil.

Embase tournante et chariot.

En outre, dans les appareils tournants, la portion mobile de l'optique est portée sur un chariot formé de galets en bronze dur, qui roulent entre deux plans d'acier, dont l'un est fixe, l'autre mobile. L'embase tournante, dont ce dernier fait partie, a sa circonférence dentée et engrène avec le pignon d'une machine de rotation dont nous parlerons tout à l'heure.

Il convient de faire le diamètre du chariot aussi grand que possible, soit pour augmenter la stabilité des pièces optiques qu'il supporte, soit pour pouvoir multiplier les galets, et diminuer, par conséquent, la charge que chacun d'eux porte et l'usure proportionnelle à cette charge à laquelle ils sont soumis.

Il importe cependant de ne pas encombrer la chambre de service et de ne pas gêner la libre circulation autour de l'appareil. Cet encombrement est surtout à craindre quand la machine de rotation est indépendante du phare et placée à côté de lui ; c'est afin de l'éviter, tout en rendant possible l'agrandissement du chariot, que nous avons, dans les appareils tournants les plus lourds, enfermé la machine de rotation dans le socle même de l'appareil.

Armature des appareils tournants de quatrième ordre.

Les appareils à éclats de quatrième ordre se distinguent par une disposition particulière de l'armature mobile, qui, au lieu de tourner sur galets, tourne sur pivot. Ce mode de construction est plus économique et donne un mouvement plus doux ; en outre, les parties sujettes à usure peuvent être remplacées à très-peu de frais et avec la plus grande facilité.

Il est inutile d'entrer dans plus de détails sur la disposition mécanique des phares, d'autant plus que dans le plus grand nombre des cas, c'est nous qui sommes chargés de leur installation. On trouvera, au reste, à ce sujet, des renseignements plus complets dans l'*Instruction pour le montage*, que nous donnons à la suite de cette notice.

Machines de rotation.

Pour la même raison, nous ne dirons que peu de mots des machines de rotation. Elles se composent toutes d'un tambour ou treuil, autour duquel s'enroule une corde à laquelle est attaché un poids. Le mouvement de ce treuil se communique à l'embase tournant par l'intermédiaire d'engrenages ; il est réglé par un volant à ailes. Pour les détails sur l'installation de ces machines et sur les soins à leur donner, voir les instructions à la fin de cette notice.

Lampes.

Les lampes employées dans les appareils de premier, deuxième et troisième ordre, sont de trois sortes. Nous allons les décrire brièvement, en indiquant les avantages et les inconvénients propres à chaque système.

Lampes mécaniques

Les lampes mécaniques se composent de quatre pompes mises en jeu par un mouvement d'horlogerie, dont le moteur est un poids. Elles sont d'une construction solide, et, bien entretenues, fonctionnent très-longtemps sans dérangement. Les seules parties de ces lampes qui ont besoin d'être quelquefois visitées et renouvelées, sont les pistons et les clapets des pompes ; mais ce renouvellement ne présente aucune difficulté et ne demande que du soin. Leur grand avantage est d'être légères et par conséquent d'un maniement facile. Elles peuvent être employées pour tous les appareils des trois premiers ordres, pourvu que la disposition de l'armature permette la libre descente du poids moteur. Cette condition peut, à la rigueur, être remplie dans les appareils à machine de rotation intérieure ; cependant, dans ce cas, il est plus commode de se servir des lampes à piston ou à poids.

Lampes à piston et à poids.

Les lampes à piston et à poids imaginées par M. Degrand, ingénieur de l'administration des phares de France, se composent d'un cylindre en cuivre, dans lequel descend un piston formé d'un cuir embouti, semblable à celui des lampes à modérateur ; les poids dont ce piston est chargé forcent l'huile à monter au bec.

Un régulateur conique, analogue à celui des lampes à modérateur, assure l'uniformité du débit pendant tout le temps de la course du piston.

Ces lampes ont l'inconvénient, surtout dans les appareils de premier et de second ordre, d'être d'un grand poids, et, par conséquent, d'une manœuvre difficile; nous ne les croyons pour ce motif préférables aux lampes mécaniques, que dans les appareils de troisième ordre. La dernière disposition adoptée par M. Degrand, et qui consiste à placer les poids au-dessous et en dehors de la lampe, diminue cet inconvénient, mais sans le faire disparaître entièrement.

Les lampes à réservoir supérieur peuvent être employées toutes les fois que l'appareil n'éclaire pas tout l'horizon. Elles ne contiennent aucune espèce de mécanisme, rien qui soit sujet à dérangement. Elles se composent d'un réservoir fermé qui contient l'huile, d'un seau qui porte le bec et reçoit l'huile excédante, et d'un tube qui conduit l'huile du réservoir au bec. Pour assurer l'uniformité du débit, le réservoir est à écoulement constant, et, de plus, un robinet ordinaire ou une soupape conique, permet de modérer ou d'arrêter tout à fait l'huile.

Lampes à réservoir supérieur.

Ces lampes sont tellement simples, qu'elles doivent évidemment être préférées toutes les fois que la chose est possible; nous devons cependant signaler un inconvénient qu'elles présentent dans les temps froids. Dans les deux autres systèmes, l'huile excédante retombe dans le seau et l'entretient à une température tiède. Il n'en est pas de même dans celui-ci : l'huile qui a arrosé le bec ne revient pas au réservoir. On peut craindre, par les temps froids, que celui-ci ne se gèle, ou que le tube qui va au bec ne s'obstrue. Nous remédions à cet inconvénient en plaçant sous le réservoir une petite lampe qu'on n'allume que l'hiver, et qui l'échauffe assez pour empêcher l'huile de se figer.

Dans les appareils de *quatrième, cinquième* et *sixième* ordre, on peut employer trois sortes de lampes.

Lampes des petits appareils.

Les lampes à modérateur. Nous n'en parlons que pour mémoire, les ayant proscrites d'une manière absolue, comme plus sujettes à se déranger que les autres.

Les lampes à niveau constant, généralement réservées pour les appareils de cinquième et sixième ordre, et qu'il est inutile de décrire.

Les lampes à réservoir supérieur, généralement réservées pour les appareils de quatrième ordre et analogues à celles que nous avons décrites pour les appareils de premier, deuxième et troisième ordre.

Elles en diffèrent en ce que le réservoir est placé au-dessus de l'appareil, ce qui permet de les employer dans les appareils éclairant tout l'horizon et en ce que la cheminée de tirage de la lampe les traverse et en échauffe l'huile, ce qui fait disparaître l'inconvénient signalé dans les lampes des appareils de premier, deuxième et troisième ordre.

Nous en avons dit assez pour guider dans le choix de l'un ou de l'autre système de lampes. Pour ce qui concerne leur service et leur entretien, voir l'Instruction à la fin de cette notice.

CHAPITRE III.

Feux de port. — Feux de direction. — Feux flottants. — Fanaux.

Les appareils de cinquième et de sixième ordre peuvent, dans un grand nombre de cas, être remplacés par des appareils plus petits, d'un prix moins élevé et d'une installation moins coûteuse. Ces appareils, dits *feux de port,* au lieu d'être fixés à demeure au sommet d'une tour, sont mon-

Feux de port.

tés dans une lanterne mobile, qui se hisse au haut d'un mât ou d'un candélabre en fonte. Ils servent généralement à indiquer l'extrémité d'une jetée ou les points saillants d'un canal ou d'une passe. Les détroits du Bosphore et des Dardanelles sont éclairés de cette manière. Ils peuvent aussi être employés comme feux provisoires, ainsi que cela a eu lieu au port de Livourne.

Les *feux de port* sont blancs ou colorés. Leur portée, quand ils sont blancs, est d'environ huit milles ; leur consommation d'huile est la même que celle des appareils de *cinquième* et de *sixième* ordre.

La planche 39, page 90, représente en plan et en coupe ces appareils, et indique deux manières différentes de les installer :

1° Sur poteau en bois (fig. 3 et 4). Au bas du poteau est une petite cabane pour l'allumage, qui pourrait être construite plus vaste et servir alors de logement au gardien ;

2° Sur candélabre en fonte (fig. 5 et 6). Le dessin indique aussi une hutte en fer pour l'allumage. Dans certains cas, elle peut être supprimée, et, dans d'autres, agrandie pour servir de logement.

Feux de direction. On donne ce nom à des appareils qui ne doivent être vus que dans une certaine direction. Quelquefois ils sont simples, et alors c'est leur apparition ou leur disparition qui annonce au navigateur ou qu'il approche d'un danger, ou qu'il l'a franchi, qu'il suit une bonne ou une mauvaise route. D'autres fois, ils sont doubles, placés à une certaine distance l'un de l'autre et à des hauteurs différentes, et représentent alors deux points d'une ligne droite, dont le prolongement indique la route à suivre pour entrer dans une passe ou pour éviter un écueil. Un certain nombre de feux de ce genre, convenablement disposés sur les rives d'un chenal sinueux, permet d'indiquer aux navires qui y sont engagés tous les détours qu'ils ont à faire, et le moment précis où ils doivent virer de bord. Les règles à suivre dans l'installation de ces feux doubles sont de les éloigner le plus possible l'un de l'autre et de les placer à des hauteurs assez différentes pour qu'ils restent bien distincts à la distance à laquelle ils doivent être vus. D'après M. Stevenson, l'écartement qu'il faut donner à deux lumières pour qu'elles ne se confondent pas à des distances données, est d'environ deux mètres par mille marin.

Lorsque les feux de direction doivent éclairer un arc d'horizon de quelque étendue, on emploie des appareils de cinquième ou de sixième ordre ou des feux de port ; quand cet arc ne doit pas excéder huit degrés, on se sert ou de paraboles en plaqué d'argent ou, quand une grande portée est nécessaire, d'appareils spéciaux, disposés de manière à envoyer toute leur lumière dans une seule direction, et que M. Stevenson, qui en a eu le premier l'idée, nomme holophotaux.

Ces appareils sont représentés planche 40, page 92. Bien qu'éclairés avec une simple lampe à niveau constant de cinquième ordre, ils donnent un éclat équivalent à 500 becs carcel.

Il arrive assez souvent que l'on a à éclairer d'une lumière constante une partie de l'horizon et à envoyer, en outre, dans une ou plusieurs directions, des faisceaux de lumière plus intense. M. Stevenson a imaginé, pour ce cas particulier, des appareils fort ingénieux qui sont représentés planche 41, page 93. Ces appareils sont formés d'une combinaison de panneaux de feu fixe et de lentilles annulaires. Les faisceaux lumineux envoyés par ces dernières rencontrent des prismes verticaux qui leur donnent la direction et la divergence convenable.

Feux flottants. Les feux flottants se placent là où il n'est pas possible d'installer des phares fixes. L'utilité en est devenue bien moindre, depuis que le système de fondations sur pieux à vis, de M. Mitchell, a permis d'installer, à peu de frais, des édifices solides là où il eût été tout à fait impossible d'asseoir une fondation en maçonnerie.

Lorsque le choix est possible entre les phares flottants et les phares fixes, la supériorité de ceux-ci n'est pas douteuse.

« Pendant les temps de tempête, dit à ce sujet M. l'ingénieur Manby, les phares flottants dis-
» paraissent presque entièrement au milieu des embruns que les lames soulèvent, et leurs feux
» n'ont plus aucun éclat par suite du mouvement continuel des navires. Leur position, d'ailleurs,
» n'est point invariable, puisque, selon le vent et la marée, ils se déplacent de deux fois la lon-
» gueur de leur chaîne. Quelquefois même, on a vu leurs amarres se rompre, et leur disparition
» inattendue amener de terribles sinistres. »

L'installation d'un feu flottant au milieu d'un chenal, gêne toujours plus ou moins la navigation. Les frais d'entretien annuel sont toujours plus considérables que ceux d'un phare fixe ; enfin, ce dernier comporte l'établissement d'appareils plus puissants et à plus longue portée.

Malgré ces inconvénients, il y a des cas où les feux flottants sont indispensables. Il en existe un assez grand nombre en Angleterre, et l'administration française en étudie un pour les abords du port de Cherbourg. La planche 42, page 94, indique les différentes dispositions de feux flottants qui peuvent être adoptées.

Dans le but d'éviter les abordages en mer, devenus tous les jours plus fréquents, la plupart des nations maritimes sont convenues d'adopter pour les navires un mode uniforme d'éclairage. Cette mesure a été l'objet, en Angleterre, d'un ordre de l'amirauté du 24 février 1858 ; la Hollande, la Suède et d'autres États ont suivi cet exemple. Le décret rendu en France à ce sujet est du 28 mai 1858 ; en voici le texte :

DÉCRET SUR L'ÉCLAIRAGE DES NAVIRES.

NAPOLÉON, par la grâce de Dieu et la volonté nationale, Empereur des Français,
À tous présents et à venir, SALUT.
Vu la loi des 9-13 août 1791 ; vu l'article 225 du Code de commerce ; vu le décret du 17 août 1852 :
Sur le rapport de notre ministre secrétaire d'État au département de la marine et des colonies,
Avons décrété et décrétons ce qui suit :

ARTICLE PREMIER.

A dater du 1er octobre 1858, les bâtiments de mer seront assujettis aux prescriptions qui suivent, et qui ont pour objet de prévenir les abordages.

Prescriptions à suivre par tous les temps, entre le coucher et le lever du soleil.

ART. 2.

§ 1er. Les bâtiments à vapeur, lorsqu'ils seront en marche sous vapeur, au large, dans les rades ou dans les ports, porteront les feux ci-après :

En tête du mât de misaine, un feu blanc de 225° d'amplitude horizontale, visible sur chaque bord, depuis l'avant jusqu'à deux quarts en arrière du travers.

A *tribord*, un feu vert de 112° 30′ d'amplitude horizontale, visible depuis l'avant jusqu'à deux quarts en arrière du travers de tribord.

A *bâbord*, un feu rouge de 112° 30′ d'amplitude horizontale, visible depuis l'avant jusqu'à deux quarts en arrière du travers de bâbord.

Ces feux de côté seront pourvus, en dedans du bord, d'écrans dirigés de l'arrière à l'avant, et s'étendant à $0^m,90$ en avant de la lumière, afin que le feu vert ne puisse pas être aperçu de bâbord avant et le feu rouge de tribord avant.

§ 2. Les bâtiments à voiles et les bâtiments à vapeur ayant la machine au repos, lorsqu'ils feront route à la voile ou en remorque, au large, dans les rades ou dans les ports, porteront les mêmes feux que les bâtiments à vapeur en marche sous vapeur, à l'exception du feu blanc du mât de misaine, qui sera supprimé.

Art. 3.

Les bateaux de pilotes à voiles ne seront pas assujettis aux dispositions et couleurs de feu prescrites par l'article précédent, mais ils se feront reconnaître :

Par un feu blanc permanent, visible de tous les points de l'horizon et placé en tête du grand mât ;

Et par un feu blanc, également visible de tous les points de l'horizon, qu'ils hisseront de quart d'heure en quart d'heure pour le laisser voir pendant quelques instants.

Art. 4.

Les bâtiments tant à voiles qu'à vapeur mouillés sur une rade, dans un chenal ou sur une ligne fréquentée, porteront un feu blanc visible de tous les points de l'horizon, placé le plus en vue possible, mais à une hauteur qui n'excédera pas 6 mètres au-dessus du plat-bord.

Art. 5.

Les distances auxquelles les divers feux mentionnés aux articles qui précèdent devront être visibles par une nuit sombre et une atmosphère non brumeuse, ne seront pas inférieurs aux suivantes :

Feu blanc du mât de misaine des bâtiments à vapeur en marche et sous vapeur, 5 milles marins :

Feux verts et rouges, 2 milles marins ;

Feux blancs des bâtiments à l'ancre, 1 mille marin.

Prescriptions à suivre par les temps de brume, de jour comme de nuit.

Art. 6.

Par les temps de brume, de jour comme de nuit, les bâtiments en marche, au large, dans les rades et dans les ports, feront entendre les signaux suivants de 5 minutes en 5 minutes, ou plus souvent :

§ 1. Les bâtiments à vapeur en marche sous vapeur, le son d'un sifflet à vapeur qui sera placé en avant de la cheminée, à une hauteur de $2^m,40$ au moins au-dessus du pont du gaillard ;

§ 2. Les bâtiments à voiles et les bâtiments à vapeur marchant à la voile ou remorqués, quand ils courront tribord amures, le son d'un cor ; quand ils courront bâbord amures, le son d'une cloche.

Dérogations permises aux petits navires à voiles en ce qui concerne les signaux lumineux.

Art. 7.

Les petits navires à voiles, trop peu élevés au-dessus de l'eau pour avoir des feux de côté fixes et visibles en permanence, auront néanmoins des feux de couleur dans des fanaux constamment allumés depuis le coucher jusqu'au lever du soleil, et placés sur le pont, en dedans du bord auquel ils correspondront par la couleur, de façon à pouvoir être à l'instant montrés à tout navire dont on constaterait l'approche.

Ces fanaux portatifs, pendant cette exhibition, seront tenus aussi en vue que possible, et présentés de telle sorte que le feu vert ne puisse être aperçu de bâbord avant, et le feu rouge de tribord avant.

Pour rendre ces prescriptions d'une application plus certaine, les fanaux seront peints de la couleur du feu qu'ils contiendront, et porteront des écrans aussi allongés que possible dans le sens horizontal. En outre, l'écran destiné à être dirigé de l'arrière à l'avant du navire, portera au dos l'indication suivante :

Au fanal vert { tribord. ◄— avant.   Au fanal rouge { bâbord   avant —►

Art. 8.

Les feux mentionnés à l'article précédent ne seront assujettis aux limites de portée prescrites par l'art. 5 pour les feux fixes.

Art. 9.

Le présent décret abroge, à partir du 1er octobre 1858, le décret du 17 août 1852 concernant l'éclairage de nuit des bâtiments à vapeur et à voiles.

Art. 10.

Notre ministre secrétaire d'État au département de la marine et des colonies est chargé de l'exécution du présent décret, qui sera inséré au *Bulletin des lois.*

Fait au palais de Fontainebleau, le 28 mai 1858.

NAPOLÉON.

Par l'Empereur :

L'amiral ministre secrétaire d'État de la marine et des colonies,

Signé HAMELIN.

PHARES SUR TERRE. TOURS EN MAÇONNERIE.

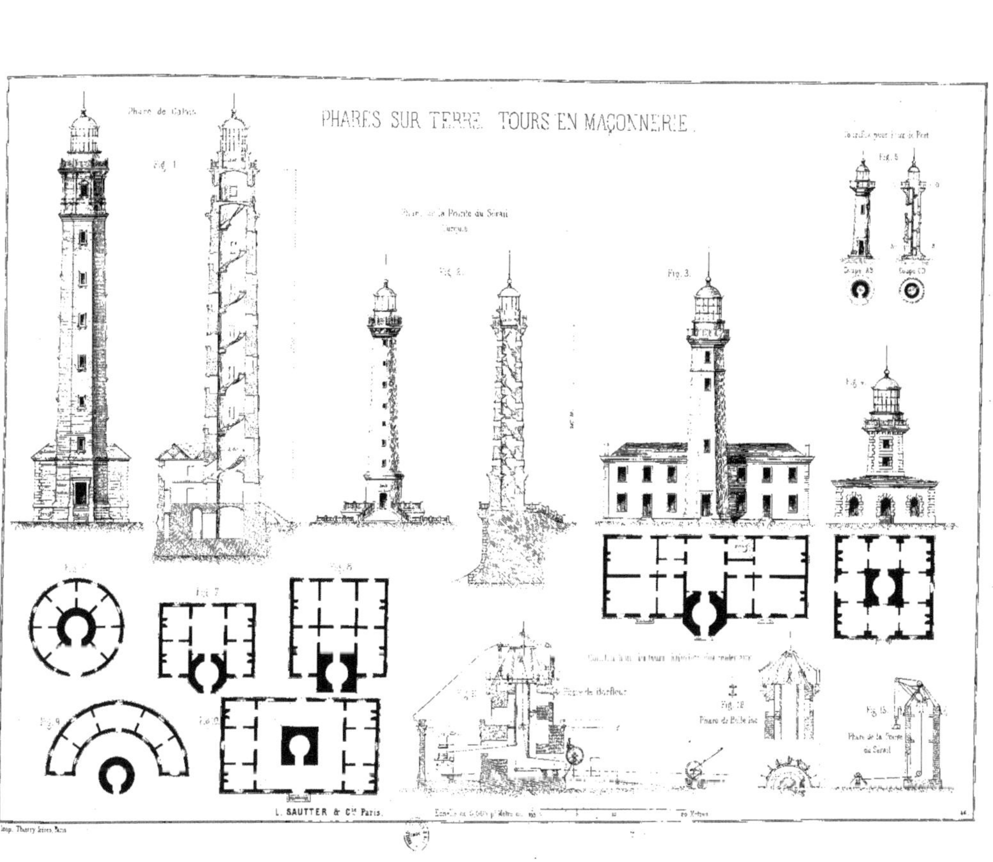

PHARES EN MER.
Phare de Skerryvore.
Phare des Héaux de Bréhat.
Echelle de 0,003 pour Mètre, ou
L. SAUTTER & Cie. Paris.

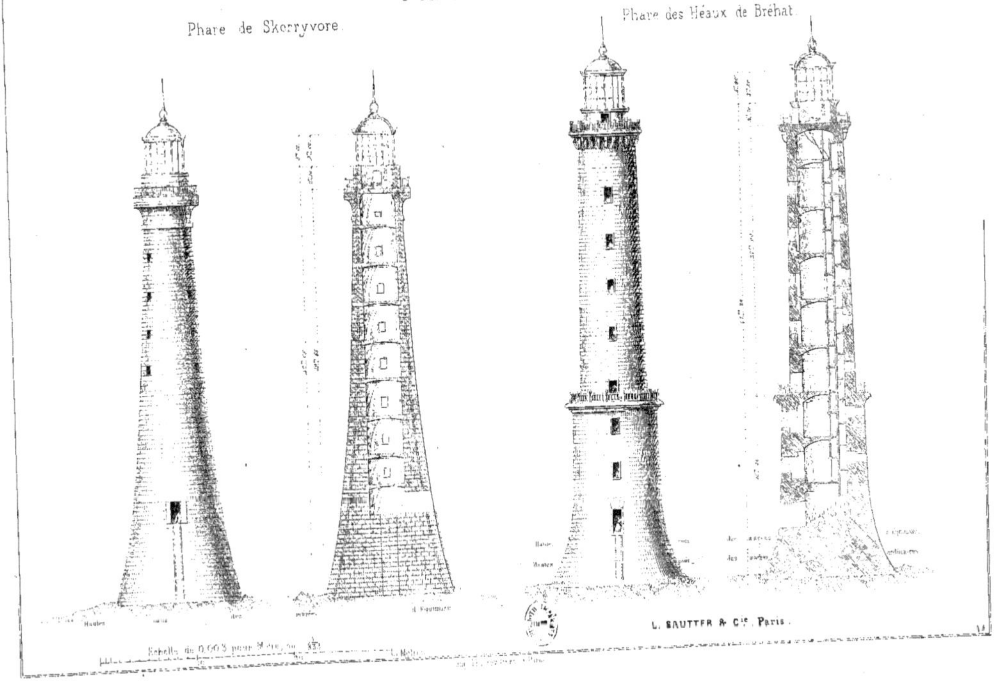

Les fanaux que nous construisons, et qui sont représentés planche 43, page 96, remplissent les conditions de portée exigées par le décret. Nous construisons, en outre, des fanaux blancs et colorés, éclairant tout l'horizon, pouvant servir de feux de position, de feux de signaux, et employés dans les bâtiments de l'État comme fanaux de batterie.

CHAPITRE IV.

Tours.

En général, l'édifice d'un phare se compose d'une tour conique à section circulaire, octogonale ou carrée, à laquelle se rattache plus ou moins intimement un corps de logis contenant des magasins et des chambres de garde. Autant que possible, il doit satisfaire au programme suivant : *(Conditions générales auxquelles doit satisfaire un projet de phare.)*

1° Emplacement au sommet de la tour, suffisant pour recevoir l'appareil d'éclairage et sa lanterne;

2° Galerie extérieure, au sommet de la tour, pour faciliter le montage de l'appareil et de sa lanterne, et permettre de nettoyer les glaces qui forment le vitrage de cette dernière ;

3° Chambre de quart, chauffée et placée immédiatement au-dessous de l'appareil, pour les gardiens de service ;

4° Magasin pour l'huile, les ustensiles et les autres objets d'approvisionnement, chambre pour le service des lampes;

5° Citerne ou puits, lorsque les eaux potables sont à une grande distance du phare ;

6° Logements pour les gardiens. — Ces gardiens sont ordinairement au nombre de trois dans les phares des trois premiers ordres ;

7° Chambre pour les inspecteurs chargés de la surveillance du service.

On comprend que ce programme devra se modifier suivant les exigences locales : ainsi, en France, où les gardiens sont logés avec leurs familles, les logements sont plus considérables qu'en Turquie, où le service est fait par des soldats de marine, qui couchent en commun dans la même chambre.

Lorsque l'espace donné pour la construction d'un phare est insubmersible et suffisamment spacieux, on adopte l'une ou l'autre des dispositions indiquées ci-contre, fig. 3, 4, 5, 6, 7, 8, 9, 10. *(Phares sur terre.)*

Les magasins et logements de gardiens sont placés au pied de la tour, et distribués de différentes manières, suivant la forme choisie pour l'édifice.

Il ne peut en être de même lorsqu'un phare doit être établi sur un écueil et sa base baignée par les eaux ; il faut alors que les logements de gardien, les magasins, etc., etc., trouvent place dans la tour même. Dans ce cas, on isole les derniers étages à l'aide de voûtes en maçonnerie ou de planchers en fonte. *(Phares en mer.)*

Les phares de Skerryvore et des Héaux de Bréat, représentés ci-contre, fournissent de beaux exemples de cette disposition.

La hauteur des tours dépend de l'élévation au-dessus du niveau de la mer du sol sur lequel elles sont construites, et de la portée de feu qu'elles doivent recevoir. *(Hauteur des tours)*

Un phare disparaît de deux manières, soit parce que les rayons qu'il envoie sont trop affaiblis par l'éloignement pour être aperçus, soit parce que la courbure de la terre les empêche d'arriver jusqu'à l'œil de l'observateur. Pour que l'appareil produise tout son effet, il faut que ces deux causes de disparition agissent en même temps, ou, en d'autres termes, que la portée géométrique soit égale à la portée optique : cette portée géométrique est la somme de deux tangentes menées à la surface de la mer, l'une, du sommet de la tour; l'autre, de l'œil de l'observateur.

La formule au moyen de laquelle on calcule la longueur de la tangente menée à la surface de la terre, à partir d'un point placé à une hauteur déterminée, ou réciproquement, la hauteur à laquelle doit être placé le point de départ de la tangente, pour qu'elle ait une longueur déterminée, est la suivante :

$$D = \frac{\sqrt{2\,R\,H}}{0,84}$$

Dans laquelle D est la longueur de la tangente; R, le rayon de la courbure de la terre, et H la hauteur du point de départ de la tangente.

Le tableau suivant donne les longueurs des tangentes pour un certain nombre de hauteurs de tours.

HAUTEUR DU PHARE.	LONGUEUR DE LA TANGENTE.	HAUTEUR DU PHARE.	LONGUEUR DE LA TANGENTE.	HAUTEUR DU PHARE.	LONGUEUR DE LA TANGENTE.
mètres.	mètres.	mètres.	mètres.	mètres.	mètres.
1	3.890	9	11.680	45	26.110
2	5.500	10	12.310	50	27.530
3	6.730	15	15.070	60	30.000
4	7.780	20	17.810	70	32.000
5	8.700	25	19.460	80	34.000
6	9.580	30	21.320	100	38.000
7	10.300	35	23.030	150	47.000
8	11.010	40	24.620	200	55.000

Le mille marin est de 1851 mètres.

Pour calculer la portée d'un phare de premier ordre, on suppose l'observateur placé sur la hune d'un grand navire, soit à 12 ou 15 mètres au-dessus du niveau de la mer.

Pour un phare de deuxième ordre, on le suppose à 10 mètres; pour un phare de troisième ordre, à 5 mètres, ou sur le pont d'un grand navire; pour un phare de quatrième, cinquième et sixième ordre, à 3 mètres, ou sur le pont d'un navire de moyenne grandeur.

D'après ces données, et en admettant pour la portée optique des phares les chiffres de Fresnel, on trouve pour les hauteurs auxquelles il faut placer les appareils des différents ordres, les chiffres suivants :

		PORTÉE DU PHARE		HAUTEUR DU PHARE en
		EN MILLES.	EN MÈTRES.	MÈTRES.
Premier ordre.........	Fixe.......	20	37.020	30 à 35
	Tournant...	33	61.083	120 à 150 (1)
Deuxième ordre	Fixe.......	17	31.467	24
	Tournant...	26	48.126	80 à 100 (2)
Troisième ordre......	Fixe.......	15	27.765	25
	Tournant...	20	37.020	45
Quatrième ordre......	Fixe.......	13	24.063	20
	Tournant...	17	31.467	35 à 40
Cinquième ordre	Fixe.......	10	18.510	10 à 15
	Tournant...	15	27.765	25
Sixième ordre		9	16.459	7 à 8

(1) Dans la pratique on dépasse rarement la hauteur de 60 à 70 mètres.
(2) Dans la pratique on dépasse rarement la hauteur de 40 à 50 mètres.

Toutes les fois que la disposition du sol oblige à dépasser ces hauteurs, il convient de donner aux rayons une direction plongeante, sans quoi le feu ne commencerait à être visible qu'à une trop grande distance de la tour.

Pour les phares à éclats rouges, on comptera à peu près sur la même portée que pour les feux fixes blancs de même ordre.

La dimension du fût des phares, et l'épaisseur de leur maçonnerie, varient avec leur distribution intérieure, la nature des matériaux, le système de construction, et les efforts auxquels l'édifice est exposé de la part du vent, et dans certains cas, de la mer. **Stabilité des tours.**

M. Fresnel, dans son mémoire sur la stabilité des phares, admet que le maximum de pression du vent équivaut à 275^k par mètre carré, et que l'effort qu'il exerce sur une tour cylindrique est égal aux deux tiers de celui qu'il exercerait sur une section méridienne de la même tour. Cet effort, qui tend à renverser l'édifice en le faisant pivoter autour de l'arête extérieure de sa base, est contre-balancé par le poids de ce même édifice, qui tend à le maintenir en place : pour qu'il y ait équilibre, il faut que les *moments* de ces deux forces soient égaux ; le rapport entre le moment de la seconde et le moment de la première donnera la mesure de la stabilité du phare. Quand il est égal à 1, on en conclut que la force qui tend à renverser la tour fait exactement équilibre à celle qui la maintient en place. S'il est inférieur à 1, la tour sera exposée à être renversée par un très-grand vent ; elle sera d'autant plus stable que ce rapport sera plus supérieur à l'unité.

En calculant d'après ces principes la stabilité d'un certain nombre de tours, M. Fresnel trouve qu'elle est comprise entre les chiffres 3 et 7.

Il ne tient aucun compte de l'adhérence que les matériaux du phare ont entre eux, et qui pourrait être augmentée au moyen d'agrafes en bronze ou en pierre. On n'emploie, en général, ces moyens de consolidation que dans les parties de la tour qui sont exposées à l'action des vagues.

Nous renvoyons, pour plus de détails sur cette question, au mémoire de M. Léonor Fresnel, inséré dans les Annales des ponts et chaussées de 1834 (vol. XXXI).

Construction des tours de phares. Fondations.

La fondation des tours de phares ne présente de difficultés que lorsqu'elles doivent être établies en mer sur un écueil submersible et exposé à toute la violence des vagues. — Le sol dans ce cas doit être préparé avec le plus grand soin. On n'emploie que des matériaux très-durs, parfaitement taillés ; les différents morceaux de chaque assise et les différentes assises successives sont reliés par des agrafes en pierre ou en bronze. — On trouvera sur ce sujet de grands détails dans l'ouvrage de M. Stevenson, sur le phare de Skerryvore (Londres, 1848).

Les dimensions de la tour tant à sa base qu'à son sommet, l'épaisseur de la maçonnerie, sont calculées en raison de l'ordre de l'appareil qu'elle doit porter, du diamètre de la murette qui la couronne, et enfin des principes exposés plus haut sur la stabilité des tours en général.

Escaliers.

L'escalier conduisant à l'appareil est tracé tantôt en anneau héliçoïdal contournant un noyau plein vertical placé dans l'axe de la tour ou rejeté contre la paroi, ou s'appuyant sur un mur d'échiffre circulaire dont le vide central forme un puits par lequel on peut monter les matériaux pendant la construction.

On peut aussi supprimer le mur d'échiffre et faire l'escalier en vis à jour, c'est-à-dire à marches encastrées d'un seul bout dans la paroi intérieure de la tour.

Les murs d'échiffre ont l'inconvénient de ne pas permettre d'éclairer convenablement l'escalier, sans multiplier beaucoup les ouvertures.

Lorsque la tour est divisée par étages, ceux-ci sont séparés par des voûtes en maçonnerie, mais on ne les construit qu'après l'achèvement de l'édifice, pour ne pas gêner le service d'élévation des matériaux par l'intérieur de la tour : on y réserve des ouvertures fermées par des panneaux amovibles, pour faciliter l'ascension de l'huile ou autres objets nécessaires au service du phare.

Lorsque l'on n'a pas à sa disposition un bon personnel d'ouvriers, il convient de simplifier autant que possible le travail, comme l'a fait, par exemple, M. l'ingénieur Desmazures, pour les phares de Turquie. Les tours sont de simples cheminées, dans l'intérieur desquelles des consoles en pierre ont été ménagées; ces consoles, après avoir aidé pendant la construction à l'établissement des échafaudages, on servi, après l'achèvement, de point d'appui à des escaliers en fonte qui règnent du bas en haut de la tour.

Emploi du fer et de la fonte dans la construction des tours.

En pareil cas, l'usage du fer, soit pour les escaliers, soit pour les planchers qui séparent les différents étages, est très-commode et rend la construction beaucoup plus facile. Il est évident toutefois que dans des édifices aussi exposés que le sont les phares à l'action corrosive de l'air de la mer, la maçonnerie devra autant que possible être préférée.

Partie supérieure de la tour. Manchons dormants.

Quel que soit le mode de construction adopté pour la tour d'un phare, elle doit se terminer par une voûte en maçonnerie ou par un plancher en bois ou en fer sur lequel repose l'appareil. La colonne en fonte qui supporte celui-ci entre dans un manchon scellé au centre de cette voûte ou de ce plancher. Nous avons déjà donné (page xv) les dimensions de ces manchons dormants, pour les phares des différents ordres.

Poids des lampes.

Les poids qui font mouvoir la lampe descendent dans l'intérieur de la colonne creuse qui supporte l'appareil, et qu'on prolonge généralement jusque sur le sol de la chambre de service, au moyen d'un cylindre creux en bois.

Poids de la machine de rotation.

Quand le phare est tournant, la corde motrice traverse la voûte et est renvoyée par des poulies le long de la paroi intérieure de la tour, où une rainure verticale est ménagée pour la descente des poids.

Installation de la lanterne. Dimensions principales de la murette.

La lanterne destinée à abriter le phare repose sur une *murette* en maçonnerie, en fonte ou en tôle : nous donnons ici les principales dimensions des murettes en maçonnerie.

TOURS EN FONTE

Phare du Great Isaac Bahamas.

Phare du Spit Bank
fondé sur pieux à vis (Système Mitchell.)

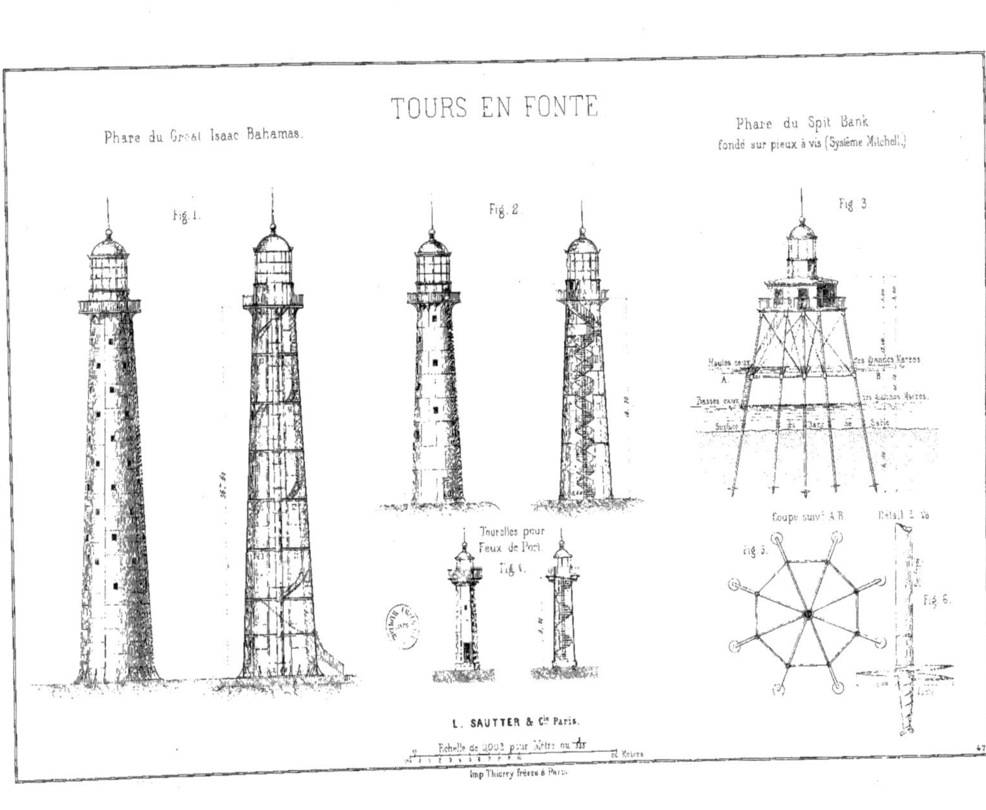

L. SAUTTER & Cie Paris.

Echelle de 0,003 pour Mètre ou 1/333

Imp. Thierry frères à Paris.

DIMENSIONS PRINCIPALES DE LA MURETTE.

	1er Ordre.	2e Ordre.	3e Ordre.	4e Ordre.	5e Ordre.	6e Ordre.
Diamètre intérieur.	3,20	2,70	2,25	1,60	1,40	1,30
Diamètre extérieur.	4,10	3,50	2,95	2,10	1,90	1,80
Hauteur . . . . , ...	2,20	2,10	2 »	1 »	1 »	1 »
Diamètre minimum de la galerie extérieure.	6 »	5,20	4,55	3,40	3,20	3,10

La murette forme le mur de la chambre dans laquelle les gardiens se tiennent pendant la nuit pour faire leur service, et c'est en partie afin de rendre cette chambre plus spacieuse qu'on la construit quelquefois en fer et en fonte (planche 44. — page 98).

Murettes métalliques.

Dans la murette s'ouvre une porte donnant sur la galerie extérieure. Cette porte, ainsi que l'escalier qui conduit de la chambre de garde à la chambre de service, doivent être renfermés dans un tambour en menuiserie avec portes en haut et en bas, de manière à mettre l'appareil complétement à l'abri des courants d'air qui pourraient venir soit du dedans soit du dehors.

Porte ouvrant sur galerie extérieure.

« La poussière qui se forme ou pénètre dans les chambres des lanternes est un des agents les » plus actifs de la détérioration des appareils tant de l'ancien que du nouveau système; il im- » porte donc extrêmement de prévenir ou du moins de réduire autant que possible la formation » de cette poussière.

Précautions à prendre contre le vent et la poussière.

A cet effet, il peut être fort utile :

» 1° De revêtir en plomb, en dalles de fonte ou de marbre, le sol des chambres des lanternes.

» 2° De revêtir en zinc, en stuc ou en marbre, la paroi du mur de soubassement, ou tout au » moins de la couvrir de nombreuses couches de peinture à l'huile fréquemment renouvelées.

» Les enduits des cages des escaliers des phares produisent souvent par leur dégradation une » poussière siliceuse que le courant d'air ascendant porte incessamment dans les chambres supé- » rieures ; il serait à désirer que la plupart de ces enduits fussent refaits en ciment romain et » peints à l'huile. » (*Instruction sur l'organisation et la surveillance des phares de France*. Paris, 1842.)

Pour les précautions à prendre dans la pose de l'appareil, de la lanterne et de son vitrage, l'installation du paratonnerre, etc., etc., nous renvoyons aux instructions placées à la suite de cette notice.

Pose de l'appareil et de sa lanterne.

Les tours en fonte ne s'emploient que là où le manque d'ouvriers et de bons matériaux ne permet pas ou rendrait beaucoup plus coûteuse la construction d'une tour en maçonnerie, ou quand la nature du sol oblige à fonder sur des pieux à vis qui ne pourraient supporter le poids d'un édifice en pierre.

Tours en fonte.

La planche ci-contre représente des tours en fonte existantes pour phares de différents ordres; nous sommes prêts du reste à entreprendre la construction de tours semblables, et à fournir, si l'on nous en fait la demande, des renseignements et des dessins complets sur ce sujet.

Les tours fondées sur pieux à vis méritent une mention toute spéciale, parce que, ainsi que nous l'avons déjà dit en parlant des feux flottants, elles peuvent être établies là où toute autre construction serait impraticable. On trouvera des renseignements complets sur ce sujet dans une

Pieux à vis, système Mitchell.

brochure de M. l'ingénieur Manby (Londres, 1852) ; dans une Notice de M. Saunders (Londres, 1855) ; dans un mémoire de M. l'ingénieur en chef Chevallier, publié dans le tome IX (1855) des *Annales des ponts et chaussées* (3ᵉ série) ; dans un mémoire de M. l'ingénieur Degrand (même publication, tome XVI (1856) ; enfin, dans les *Nouvelles annales de la construction*, de M. Opperman (novembre et décembre 1855).

Élévation des matériaux.
Grues et échafaudages.

La construction des tours et l'élévation des matériaux se font au moyen de grues et d'échafaudages de formes très-diverses. Nous avons donné, page XXII, les croquis des dispositions employées aux phares de Belle-Isle, de Barfleur et de la Pointe-du-Sérail. On trouvera la description complète des deux premiers dans les mémoires insérés aux *Annales des ponts et chaussées*, et cités ci-dessous à l'article bibliographie. La grue établie par M. Desmazures pour la construction du phare de la Pointe-du-Sérail, se compose d'un tube en fonte reposant sur une plateforme, maintenu vertical par des haubans, et au pied duquel s'articule un bras qu'on peut incliner plus ou moins, afin de faire varier la volée de la grue. La corde passe au centre du tube et vient s'enrouler sur un treuil placé à la base de la tour.

Consulter sur le même sujet les *Cours de construction* de Sganzin et de Mary, le *Cours de ports de mer*, de Frissard ; le *Traité d'architecture*, de M. Reynaud, et le grand ouvrage de M. Stevenson sur le phare de Skerrivore.

BIBLIOGRAPHIE DES PHARES.

Mémoire sur un nouveau système d'éclairage des phares, par *A. Fresnel*, lu à l'Académie des sciences le 29 juillet 1822.

Rapport de M. Rossel sur le système d'éclairage des côtes de France (Annales maritimes et coloniales de septembre 1826).

Programme ou résumé des leçons d'un cours de construction, par *Sganzin* (4ᵉ édition, par *Reibell*, 1841, tome III).

Cours de ports de mer professé à l'école des ponts et chaussées, par *Frissard* (1848-1849, lithographié).

Cours de construction professé à l'école centrale des arts et manufactures, par *Mary* (lithographié).

Mémoire de Léonor Fresnel sur la stabilité des phares (Annales des ponts et chaussées, 1831).

Mémoire de M. Delarue sur le nouveau phare de Barfleur (Annales des ponts et chaussées, 1834).

Mémoire de M. Potel sur la construction du phare de Belle-Isle (Annales des ponts et chaussées, 1835).

Cours d'architecture de M. Reynaud (second volume, Paris, 1858).

Mémoire de M. Chevalier sur les pieux à vis, système Mitchell (Annales des ponts et chaussées, 1855).

Mémoire de M. Degrand sur le balisage et l'éclairage maritime en Angleterre et en Ecosse (Annales des ponts et chaussées, 1856).

Nouvelles Annales de construction, par *J. Opperman* (mai, août, novembre et décembre 1855), articles relatifs aux tours en fonte et aux pieux à vis.

Diverses brochures sur les *pieux à vis* (s'adresser à *MM. Saunders et Mitchell*, 12, *North street, Westminster, Londres*).

Account of the *Skerryvore Light-house* with notes on the illumination of light-houses by *Allan Stevenson* (Londres, chez Longman et Cᵉ, 1848).

Rudimentary treatise on the history, construction and illumination of Light-houses, by Allan Stevenson (Londres, chez John Weale, 1850).

Diverses brochures de *M. Thomas Stevenson* sur l'éclairage des phares (Edimburgh).

Report of the officers constituting the Light-house board to inquire into the condition of the Light-house establishment of the United-States (Washington, 1852).

Plan general para el alumbrado maritimo de las costas et puertos de España (Madrid, 1847).

Phares et fanaux des côtes de France, description sommaire publiée par le ministre des travaux publics.

Liste des phares de tous les pays, publiée par ordre de l'*amirauté anglaise* (Londres, chez Potter, 31, Poultry).

INSTRUCTION

POUR L'INSTALLATION

DES PHARES LENTICULAIRES.

INSTRUCTION

POUR L'INSTALLATION

DES PHARES LENTICULAIRES

En général, le montage des appareils est fait par nos agents, pour l'usage desquels nous avons rédigé une instruction spéciale. C'est un extrait de cette instruction que nous donnons ici, plutôt pour fournir aux ingénieurs chargés de la direction des travaux le moyen de s'assurer si nos monteurs observent les recommandations qui leur sont faites, que pour leur permettre de se passer de leur concours. Nous ne les engageons à prendre ce dernier parti que s'ils ont à leur disposition des hommes spéciaux ayant déjà l'expérience de ce genre de travaux, ou si le phare qu'il s'agit de monter est du quatrième, du cinquième ou du sixième ordre.

Les instructions ci-dessous sont applicables au cas le plus ordinaire, celui des phares couronnés par une murette en maçonnerie. Pour le montage des tours en fonte, ou des murettes métalliques, nous donnerons des instructions spéciales.

CHAPITRE I.

VÉRIFICATION DES DIMENSIONS DE LA TOUR.

1. — Le premier soin du monteur, après qu'il est arrivé au phare, doit être d'ouvrir les caisses de glaces pour s'assurer qu'il n'y en a point de cassées et pour en demander, au besoin, le remplacement.

2. Aussitôt après, il s'occupera de vérifier si la partie supérieure de la tour a bien les dimensions convenables pour recevoir l'appareil et sa lanterne. *Dimensions à vérifier.*

Il vérifiera les dimensions suivantes :

1° Le diamètre intérieur de la murette ;

2° — La hauteur de la murette mesurée entre le sol dans lequel se scellera le manchon dormant, et le dessus de la corniche sur laquelle reposeront les montants de la lanterne ;

3° L'épaisseur de la murette ;

4° Le diamètre de la corniche qui couronne la tour au-dessous de la murette ;

5° Le diamètre de la corniche qui couronne la murette ;

6° La dimension de la pierre formant la clef de la voûte sur laquelle repose l'appareil, dimension qui devra être suffisante pour qu'on puisse y percer le trou du manchon dormant.

3. — Le tableau suivant donne ces dimensions pour les six ordres de phares.

	1er ORDRE.	2e ORDRE.	3e ORDRE.	4e ORDRE.	5e ORDRE.	6e ORDRE.
1° Diamètre intérieur de la murette..........	3 20	2 70	2 25	1 60	1 40	1 30
2° Hauteur de la murette	2 20	2 10	2 »	1 »	1 »	1 »
3° Epaisseur de la murette.................	0 45	0 40	0 35	0 25	0 25	0 25
4° Diam. de la balustrade qui couronne la tour.	5 80	5 »	4 35	3 20	3 »	2 90
5° Diamètre minimum de la corniche........	6 »	5 20	4 55	3 40	3 20	3 10
6° Diamètre de la balustrade de la murette...	4 70	4 17	3 49	» »	» »	» »
7° Diamètre de la corniche de la murette.....	4 90	4 37	3 69	» »	» »	» »
8° Diamètre extérieur du manchon dormant..	0 31	0 27	0 24	» »	» »	» »

4. — Nous n'envoyons pas toujours les balustrades ; il n'y a, en tout cas, aucun inconvénient à ce que les dimensions des corniches excèdent celles portées au tableau ci-dessus.

5. — On vérifiera si la face supérieure de la murette est bien plane et bien de niveau, ainsi que le sol de la chambre de service.

Si le couronnement est en pierre assez solide et assez épaisse pour qu'on y puisse sceller les montants. Il est indispensable que le trou qui reçoit le montant soit percé dans une pierre de taille.

6. — On s'assurera que la porte donnant accès de l'intérieur de la chambre de service sur la galerie extérieure formée par la saillie de la corniche est posée, et qu'elle ferme bien.

CHAPITRE II.

MONTAGE.

7. — Après ces vérifications, et après avoir indiqué, s'il y a lieu, les corrections à faire, on s'assurera que toutes les caisses sont présentes, et on déballera d'abord le manchon dormant et la sablière de la lanterne.

Pour savoir dans quelle caisse elles se trouvent, on consultera le bordereau détaillé, qui devra se trouver entre les mains du monteur et entre celles de l'ingénieur.

8. — On posera le manchon dormant bien au centre de la chambre de service ; on tracera la place des trous et des entailles pour les nervures.

9. — On assemblera la sablière sur la murette ; on la mettra bien concentrique au manchon (on prendra le centre à l'aide d'un cimblot ou de fils croisés allant d'un angle à l'angle opposé), et on tracera à chacun des angles le trou de scellement du montant.

10. — On tracera ensuite la saignée destinée à recevoir les corbeaux qui supportent la galerie de service et la feuillure pour les plaques de fonte.

11. — La profondeur de cette feuillure doit être de 15 millimètres, et elle occupe tout l'espace compris entre l'arête intérieure de la murette et l'aplomb de l'intérieur de la sablière.

12.—On tracera enfin sur la ou les corniches la place des scellements de la ou des balustrades.

Trous et scellement des balustrades.

13. — Pendant que les tailleurs de pierres perceront les entailles des montants, du manchon dormant et des balustrades, le monteur déballera toute la lanterne et toutes les pièces en fer et en fonte de l'appareil.

Déballage de la lanterne et de l'armature de l'appareil.

14. — Il ne déballera les optiques, les glaces, les lampes, machines de rotation, fournitures accessoires, que si l'on peut mettre à sa disposition un espace bien couvert et bien clos.

Déballage des optiques.

15. — Après avoir déballé les lampes, il s'assurera si elles sont en bon état; il les remontera, vérifiera les valvules et les clapets et les fera fonctionner à l'huile.

Vérification d s lampes.

16. — On devra fournir au monteur tous les échafaudages, chèvres, moufles, outils nécessaires pour élever les matériaux et installer l'appareil. On lui donnera aussi, pour l'aider, un nombre suffisant d'ouvriers.

Fourniture des échafaudages et outils.

17. — Les premières pièces à monter seront la colonne, la table de service, l'estrade et les cercles, les montants de la lanterne et la chaudronnerie.

Premières pièces à monter.

Ces pièces ne peuvent être élevées qu'à l'extérieur de la tour, vu leur dimension. Tout le reste pourra être monté par l'escalier.

18.—On posera le manchon dormant, la colonne, la table de service et les estrades (si le phare est de premier ordre); mais on attendra pour sceller le manchon d'avoir achevé le montage de la lanterne.

Pose de l'armature du phare.

19. — On posera et on scellera au plomb la balustrade en fer et en fonte; celle en cuivre de la murette, quand il y en a une, ne doit être posée qu'après le montage de la lanterne.

Pose et scellement de la balustrade.

20. — On s'occupera ensuite de l'échafaudage, qui, à moins de dispositions spéciales adoptées pour la construction de la tour et subsistant encore après son achèvement, doit être formé de perches verticales appuyées sur la corniche de la tour et reliées par d'autres perches horizontales sur lesquelles on établit des planches à différentes hauteurs.

Disposition de l'échafaudage.

21. — Les perches verticales doivent s'élever au moins jusqu'au niveau de la boule de la lanterne, c'est-à-dire que pour un phare de premier ordre, elles doivent avoir au moins $6^m.50$ de hauteur.

Hauteur de l'échafaudage.

22. — On établira aussi un plancher dans l'intérieur de la murette, avec des bois portant sur le couronnement, mais de manière à ne pas empêcher la pose des soles.

Plancher sur le couronnement de la murette.

23. — La sablière étant assemblée et suspendue à peu près à la hauteur qu'elle doit occuper, on dressera les montants et on les fera entrer dans les trous de scellement, mais non sans avoir introduit et goupillé les corbeaux dans les mortaises; si l'on attendait que le montant fût en place pour poser le corbeau, il deviendrait impossible de le goupiller.

Pose des montants et de la sablière.

24.— L'ordre des montants n'est pas indifférent; on devra choisir d'abord celui qui porte les bouts des plaques échancrées de la galerie de service, et qu'on reconnaîtra à la forme du corbeau qui s'engage dans sa mortaise et qui est beaucoup plus court que les autres. Il faut, autant que possible, placer ce montant de telle sorte que l'arrivée du marchepied sur la galerie de service soit du côté du phare qui regarde la terre.

Ordre des montants.

Nous disons *autant que possible*, parce qu'il peut arriver que la position de l'entrée de l'escalier de la tour ou de la porte qui donne accès sur le balcon, ne permette pas de se conformer à cette règle.

25. — Quand la place des montants aura été déterminée, on raccourcira de la quantité nécessaire celui qui se trouve au-dessus de la porte de la murette, puis on procédera au levage.

Raccourcissement du montant au-dessus de la porte de la murette.

26. — La sablière sera boulonnée provisoirement sur la tête des montants. On posera ensuite les entretoises, en commençant par celles du bas.

Pose des entretoises.

27. — On pose le cercle et les plaques de la galerie de service. Pour poser les plaques, on est obligé de démonter les soles sous lesquelles elles s'engagent. Avant de les reposer, on enduit

Pose de la galerie de service.

la pierre d'une légère couche de ciment, de façon que l'air ne puisse passer entre la murette et la sole.

Pose de la coupole.

28. — On pose les arcs de la coupole, corbeaux, entretoises, tirants, liens pendants, en ayant soin d'introduire la cuvette en cuivre. Pour faciliter le montage de la coupole, on établit un plancher sur la sablière, et on place dans la colonne du phare une perche verticale assez longue pour dépasser ce plancher de 1 mètre 50 centimètres environ.

Scellement des montants.

29. — On scelle au plomb les montants de la lanterne.

Pose de la chaudronnerie.

30. — On pose la chaudronnerie. Les parties étamées seront frottées avec du sable et de l'eau, et étamées de nouveau, puis on les soudera après le montage. On se sert pour cela soit d'un fer rouge, soit d'un fourneau au charbon de bois, de forme spéciale, qu'on pose sur les parties à souder. Lorsqu'elles sont assez chaudes, on les saupoudre de résine et on les frotte avec un bâton de soudure. Il est plus commode de souder les ventilateurs sur les fuseaux avant de les monter au sommet de la tour.

Pose des stores.

31. — On pose les stores avec leurs tendeurs. On coupe dans le paquet de corde verte des morceaux de longueur convenable et on les met en place.

Comme un nœud ne pourrait passer dans la petite poulie du tendeur, on coupe les deux bouts en sifflet, et on les recoud avec une aiguille et du gros fil.

Corde du paratonnerre.

32. — La corde du paratonnerre porte à une extrémité un œil dans lequel on enfile la tige ; on l'assujettit à l'aide de fils de cuivre entortillés autour de la corde et de la tige. Elle vient ensuite reposer sur la corniche de la lanterne, sur un support à fourchette fait exprès ; de là, elle descend sur la balustrade, et, enfin, elle longe la paroi de la tour contre laquelle elle est assujettie de distance en distance par des crampons ; au pied de la tour, on lui creuse un rigole de 50 à 60 centimètres de profondeur, qu'on remplit de braise ou de charbon cassé en petits morceaux, et qui la conduit jusqu'à un puits, s'il en existe un dans le voisinage, ou jusqu'à un trou de 2 mètres au moins de profondeur, creusé dans un terrain humide et qu'on remplit aussi de braise. S'il n'y a dans le voisinage ni puits, ni terrain humide, et qu'on ne puisse faire descendre la corde à la mer, on se contente de creuser, à partir du pied de la tour, plusieurs rigoles au lieu d'une et de diviser le câble en autant de brins qui vont chacun aboutir à un trou rempli de braise. Avant d'être jetée au fond de ce trou, l'extrémité de la corde doit être défaite, ses fils détordus et étalés autant que possible.

Montage de l'armature de l'appareil.

33. — Il ne reste plus, pour terminer le montage de la lanterne qu'à la vitrer, mais il vaut mieux achever de monter auparavant la carcasse de l'appareil ; les montants, les balcons, le cercle, les entretoises, tout enfin, excepté l'optique. Si cependant le vent était très-violent, on vitrerait la lanterne aussitôt après son achèvement.

Vérification de la hauteur de l'appareil.

34. — Si les dimensions de la tour ont été bien observées, les entretoises de l'appareil doivent être au niveau des entretoises de la lanterne.

Correction des différences.

35. — S'il y avait une petite différence, on pourrait la corriger en incrustant un peu plus ou un peu moins le manchon dans la pierre.

Saillie du manchon au-dessus du sol.

36. — S'il n'y a pas eu d'erreur commise, la face supérieure du manchon doit faire saillie, sur le sol de la chambre de service, de 25 millimètres pour un phare de premier et de deuxième ordre, de 20 millimètres pour un phare de troisième ordre.

Scellement du manchon.

37. — On scelle le manchon au plomb. On a eu soin de creuser dans la pierre une petite rigole de chaque côté des nervures pour y couler le plomb ; cette rigole se bouche ensuite avec du ciment.

Vérification de la colonne.

38. — On s'assure que la colonne est bien verticale, porte d'aplomb sur les coins et que la table de service est parfaitement horizontale ; s'il y a une petite différence, on la corrige en serrant ou desserrant les coins.

39. — Lorsque la position de la colonne sur son manchon est bien déterminée, il est bon de la rendre invariable en introduisant sous la voûte et en chassant à coups de marteau, des coins en bois dans l'espace annulaire compris entre le manchon dormant et la colonne. Il vaut mieux toutefois ne poser ces coins qu'au moment de quitter le phare, afin de donner aux tassements qui peuvent se produire dans les premiers jours qui suivent le montage, le temps de faire leur effet. *(Moyen de rendre invariable la position de la colonne.)*

40. — On aura soin que les montants de l'appareil se trouvent vis-à-vis les montants de la lanterne. *(Position à donner aux montants de l'appareil.)*

41. — Dans les phares qui n'éclairent pas tout l'horizon, on se fera donner les indications sur l'angle obscur, et on posera l'appareil en conséquence. *(Phares n'éclairant pas tout l'horizon.)*

42. — Dans les phares qui éclairent tout l'horizon, il y a toujours un panneau de la partie inférieure enlevé, et un panneau de tambour disposé en portière pour permettre l'entrée dans l'appareil ; on aura soin de faire regarder à ce panneau le côté de terre. *(Phares éclairant tout l'horizon.)*

43. — Lorsqu'il ne reste plus que l'optique du phare à monter, on procède au vitrage de la lanterne. *(Vitrage de la lanterne.)*

44. — On le commence par le haut et du côté qui fait face au vent. Si l'on ne prenait point cette précaution, le vent pourrait renverser les glaces sur le monteur. *(Côté par où il faut commencer.)*

45. — On a d'abord eu soin de déballer toutes les glaces et de les ranger par grandeur et par numéro dans la chambre de service de l'appareil. *(Déballage des glaces.)*

46. — Les rives de la glace ne doivent jamais porter contre le cuivre. De chaque côté, il doit y avoir deux cales en bois. *(Pose des glaces.)*

47. — Les baguettes reposées, on remplit avec du mastic l'espace vide entre la baguette et la glace, en ayant soin de bien bourrer pour que le mastic pénètre aussi sous la rive de la glace. *(Masticage.)*

Le mastic est composé de deux parties de blanc d'Espagne et d'une partie de blanc de céruse, le tout pulvérisé et réduit en pâte un peu ferme, bien corroyé avec parties égales d'huile de lin et d'huile cuite.

S'il a été fait d'avance et qu'il se trouve trop dur au moment de l'emploi, on aura soin de le rebattre.

48. — Lorsqu'un panneau se compose de deux glaces portant l'une sur l'autre, on pose sur la rive de la glace inférieure des cales en plomb pliées en chevalet ; on la garnit de mastic liquide, puis on pose la glace supérieure ; par son poids, elle fait refluer le mastic dont on enlève l'excédant avec un couteau ; on coupe ensuite les cales de plomb au ras de la glace. *(Glaces superposées.)*

49. — On pose l'optique de l'appareil, en commençant par la coupole catadioptrique ; une fois la coupole posée, et avant d'aller plus loin, on vérifie si les prismes n'ont pas été dérangés dans le transport. *(Pose de la coupole catadioptrique.)*

50. — Pour cela, on posera en dehors de la lanterne, sur l'échafaudage et le plus loin possible de l'appareil, une règle portant des divisions correspondantes au centre des prismes de la coupole, une autre division de la règle correspond au plan focal ; elle sert à la poser à la hauteur voulue, au moyen d'une règle qu'on fait passer au travers d'une des glaces de la lanterne enlevée dans ce but, et d'un niveau à bulle d'air. *(Vérification de l'optique.)*

On suspendra au centre de l'appareil (ce centre est donné par le croisement des fils partant de quatre boutons opposés fixés au centre des montants) une boule rouge dont le centre devra être de 10 millimètres plus élevé que le plan focal, et on s'assurera si, en appliquant l'œil à chacune des divisions de la règle, on aperçoit l'image de la boule dans le prisme correspondant.

51. — La vérification terminée pour la coupole, on pose les panneaux de la partie inférieure et on en vérifie les prismes de la même manière, en faisant seulement un peu varier la hauteur de la boule pour chaque prisme. *(Pose et vérification de la partie inférieure.)*

Pour le n° 1, elle doit être à 10 millimètres au-dessus du plan focal.

Pour le n° 2, à 14.
Pour le n° 3, à 19.
Pour le n° 4, à 25.
Pour le n° 5, à 32.
Pour le n° 6, à 40.

On recalera les prismes défectueux.

Pose du tambour.
52. — Puis on posera le tambour et les réflecteurs, si le phare n'éclaire pas tout l'horizon.

Pose du support de la lampe.
53. — On posera les colonnes et le cercle de la lampe.

Descente des poids de la lampe.
54. — Les poids de la lampe doivent descendre dans la colonne du phare qui est creuse ; au-dessous de la colonne, on les fait ordinairement passer dans une colonne ou boîte en bois qui occupe le centre de la chambre voûtée qui se trouve au-dessous de la chambre de service. On a soin, dans ce cas, de ménager une ouverture au pied de la clonne creuse, qui permette de relever les poids s'ils venaient à tomber.

Dispositions spéciales aux phares tournants.
55. — Tout ce que nous venons de dire s'applique spécialement aux phares à feu fixe des trois premiers ordres ; dans les phares tournants, le monteur aura quelques dispositions additionnelles à prendre.

Démontage et nettoyage du chariot et des cercles.
56. — Le cercle d'acier qui se trouve sur la colonne, l'embase tournante et le chariot, seront nettoyés et dégraissés avec le plus grand soin.

Le chariot sera complétement démonté, on essuiera les axes des galets, et on passera un linge dans les douilles ; on les graissera, en les remontant, avec de l'huile fraîche ; on vérifiera s'ils tournent librement.

On fera la même chose pour les galets de centrage du chariot et de l'embase.

Mise de niveau du cercle d'acier.
57. — On vérifiera avec le plus grand soin si le cercle d'acier de la colonne est bien posé de niveau.

Pose et essai du chariot.
58. — On posera le chariot, puis l'embase, et on s'assurera que le mouvement est doux, uniforme, qu'il n'y a pas de points plus durs que d'autres.

Présentation de la machine de rotation.
59. — On présentera la machine de rotation pour tracer la place des trous de scellement, mais on ne la scellera qu'après que la pose de l'appareil aura été terminée.

Choix de la place de la machine de rotation.
60. — On choisira la place de la machine de rotation, en raison des positions des escaliers, des armoires, de la porte de la murette, de manière à encombrer le moins possible la chambre de service.

Dispositions pour la descente des poids.
61. — Au-dessous de la corde motrice de la machine de rotation, on creusera dans le sol une rigole allant rejoindre directement le mur ; au bout de cette rigole, à l'aplomb du mur, on percera dans la voûte un trou vertical, et enfin, au-dessous de ce trou, on creusera dans le parement et jusqu'au pied de la tour, une rainure verticale qu'on pourra fermer avec des panneaux en bois. Ces rainures et ce trou sont pour le passage des poids de la machine de rotation. La rainure dans la chambre de service est recouverte d'un plancher et de dalles mobiles, et permettant, au besoin, de visiter la corde de la machine.

Fermeture de l'escalier de service et de la porte de la murette.
62. — L'ouverture de l'escalier de service et de la porte de la murette seront recouvertes d'un tambour en menuiserie, pour éviter que le courant d'air qui s'établit de bas en haut dans la tour comme dans une cheminée, n'amène de la poussière dans l'appareil.

63. — Il devra en être de même de l'escalier débouchant dans la chambre voûtée qui est au-dessous de la chambre de service ; on doit avoir, pour arriver au phare, deux portes à ouvrir.

CHAPITRE III.

PEINTURE ET NETTOYAGE.

64. — La peinture se fait partie avant, partie pendant, partie après le montage. *Peinture.*

Les extrémités des montants de la lanterne, et le manchon dormant se peignent avant la pose. Les montants et les entretoises des appareils se peignent avant le montage des optiques.

Les montants de la lanterne, les fers de la coupole, les plaques et les corbeaux de la galerie de service, balcons, estrades de l'appareil, se peignent lorsque le montage est terminé.

65. — On emploie à cela du vert en pâte, qu'on délaie avec moitié essence de térébenthine et moitié huile de lin, mêlée avec 1/20 environ d'huile siccative. *Couleur employée.*

66. — Le nettoyage des glaces tant à l'intérieur qu'à l'extérieur doit se faire avant la peinture de la lanterne. *Nettoyage des glaces.*

67. — Le nettoyage des prismes doit se faire après la peinture de la lanterne, et lorsqu'ils ne sont plus exposés à recevoir de la couleur, mais avant la peinture de la galerie de service, du marchepied de l'estrade et de la table, qui doivent se faire tout à fait en dernier lieu. *Nettoyage des prismes.*

68. — On nettoiera au papier d'émeri les champs des crémaillères. *Nettoyage des cuivres.*

69. — Pour les verres, on commencera par examiner si, pendant le transport ou le montage, il s'est fait des écornures qu'il soit possible de réparer ou d'atténuer avec la gouttière et l'émeri. *Éclats aux prismes.*

70. — Ensuite, on lissera si c'est nécessaire, avec un couteau mouillé d'huile, la surface des mastics, enlevant avec soin toutes les bavures. *Lissage des mastics.*

71. — On lavera les prismes à l'esprit-de-vin pour bien les dégraisser, puis on étendra dessus avec un pinceau, du blanc de Meudon bien lavé et délayé dans l'eau ; on laissera sécher et on enlèvera en frottant avec une peau de chamois. *Lavage et nettoyage des prismes.*

72. — On posera la lampe garnie de ses poids, d'huile, de mèches, de verres, enfin prête à allumer. *Pose de la lampe.*

CHAPITRE IV.

MISE EN MARCHE DE L'APPAREIL.

USAGE DES FOURNITURES ACCESSOIRES.

73. — On mettra le gardien au courant du service du phare, en le faisant avec lui pendant deux ou trois nuits, conformément aux *instructions pour le service des phares.* *Instructions aux gardiens.*

74. — On lui expliquera l'usage de tous les objets d'approvisionnement et de tous les accessoires (voir l'instruction pour le service, chapitre V) ; on lui indiquera les objets qui sont d'un usage constant et journalier et qu'il est nécessaire de conserver dans la chambre de service ; on lui recommandera surtout d'observer le plus grand soin et la plus grande propreté dans l'emmagasinage et le filtrage de son huile ; de garder les mèches dans un lieu sec, de graisser de temps en temps les outils pour les empêcher de se rouiller ; on lui apprendra à se servir du chauffoir, du filtre, à nettoyer les verres ; on lui recommandera de ne jamais les frotter avant de les avoir époussetés, afin de ne pas les rayer. *Explications sur l'usage des fournitures accessoires.*

75. — On démontera et on remontera devant lui les lampes et la machine de rotation ; on lui apprendra à emboutir les valvules, à découper les clapets, à en faire le remplacement, à faire les joints.

On lui montrera comment il doit vérifier le débit de l'huile, le régler avec le robinet et les poids ; on passera en revue les différents accidents qui peuvent se présenter, et qui sont énumérés dans l'*instruction pour le service des phares.*

76. — On fera avec lui la pose et le centrage de la lampe dans le phare, son allumage, le règlement de la flamme, le montage, la pose et l'emploi du carillon, le changement de lampe, le changement de bec, le nettoyage des becs.

77. — On réglera sous ses yeux la machine de rotation, d'après le nombre de révolutions que le phare doit faire par minute. Le poids doit être suffisant, pour que la machine marche à sa vitesse, les ailes fixes du volant étant ouvertes à moitié.

78. — On lui apprendra à graisser toutes les parties frottantes de la machine et du chariot, à démonter celui-ci après avoir soulevé la partie mobile de l'appareil sur les verrins afin d'essuyer et de graisser les axes des galets ; à changer la position des galets lorsqu'il se sera fait un chemin dans le cercle d'acier, en changeant la position des rondelles. Enfin, à changer la corde et le volant de la machine de rotation.

79. — Lorsque l'appareil n'éclaire pas tout l'horizon et est pourvu de réflecteurs, on lui apprendra à entretenir ces réflecteurs.

80. — On lui recommandera de ne pas laisser ouvertes les ventouses des soles du côté d'où vient le vent, sans quoi la lampe pourrait être soufflée.

81. — Enfin, on recommandera aux gardiens l'observation minutieuse *des instructions pour le service,* et on leur en laissera un exemplaire s'ils n'en ont pas déjà reçu d'autres de leurs chefs.

82 — Le montage des petits appareils offre beaucoup moins de difficultés que celui des grands. On observera les mêmes précautions dans la vérification des dimensions de la tour ; on suivra la même marche pour le tracé des trous des montants.

83. — La colonne ne se fixe pas dans un manchon dormant, mais se boulonne sur un plateau à scellement, si le sol de la chambre est en pierre, ou se visse sur le plancher s'il est en bois.

84. — La table de service peut être maintenue à volonté par une fourchette venant appuyer contre le pied de la colonne, ou par deux crampons scellés dans le mur.

85. — On vérifiera dans les petits appareils comme dans les grands, et de la même manière si les prismes n'ont pas été dérangés.

86. — Dans les phares tournants, on enseignera au gardien à changer la bague et le pivot.

87. — Les seules lampes employées dans les appareils de 4e, 5e ou 6e ordre, sont des lampes à niveau constant ou à réservoir supérieur ; dans ces dernières, l'écoulement de l'huile est réglé, ou par une valve, ou par un robinet, ou par une soupape conique.

On apprendra au gardien à démonter et à nettoyer la lampe, à vider à fond et à nettoyer de temps en temps le réservoir supérieur.

88. — La ventilation des grandes lanternes se fait au moyen d'ouvertures pratiquées dans les soles du bas. Ces ouvertures n'existent pas dans les lanternes de 4e, 5e et 6e ordre. Il est alors bon de pratiquer, dans le parement de la murette, des trous cylindriques semblables à des bouches de chaleur et dont l'ouverture se règle à l'aide d'une clef.

INSTRUCTION

POUR LE SERVICE

DES PHARES ET FANAUX LENTICULAIRES.

INSTRUCTION

POUR LE SERVICE

DES PHARES ET FANAUX LENTICULAIRES

PREMIÈRE SECTION.

DISPOSITION DES APPAREILS D'ÉCLAIRAGE ET DES LAMPES.

CHAPITRE PREMIER.

NOTIONS GÉNÉRALES.

1. Les *appareils lenticulaires* employés à l'éclairage des phares se divisent en six ordres, d'après leurs dimensions et le calibre de leurs lampes. Six ordres d'appareils d'éclairage.

2. La partie optique de ces appareils se compose de *panneaux lenticulaires* en verre et de *panneaux catadioptriques*. Ces pièces sont assemblées au moyen d'une *armature* qui a pour support une colonne creuse en fonte. Partie optique et armature.

Le diamètre intérieur d'un appareil de 1ᵉʳ ordre est de...................... $1^m,84$ »
Celui d'un appareil de 2ᵉ ordre est de .... $1^m,40$ »
Celui d'un appareil de 3ᵉ ordre est de................................. $1^m,00$ »
Celui d'un appareil de 4ᵉ ordre est de................................. $0^m,50$ »
Celui d'un appareil de 5ᵉ ordre est de................................. $0^m,37\ 5$
Celui d'un appareil de 6ᵉ ordre est de................................. $0^m,30$ »

3. Chaque phare lenticulaire est illuminé par une *lampe unique* placée au *foyer* commun des pièces de la partie optique. Lampe.

4. Trois espèces de lampes sont en usage dans les appareils de 1ᵉʳ, 2ᵉ et 3ᵉ ordre, savoir : Appareils de 1ᵉʳ, 2ᵉ e 3 ordre. Trois espèces de lampes.

    1° La lampe mécanique ou à *mouvement d'horlogerie ;*

    2° La lampe à piston et à poids;

    3° La lampe à réservoir supérieur.

Parties principales des lampes mécaniques.

5. Les lampes mécaniques comprennent cinq parties principales, savoir :

> *Le réservoir d'huile,*
>
> *Le mécanisme,*
>
> *Le corps de pompes,*
>
> *Le bec,*
>
> *La cheminée.*

Réservoir d'huile.

6. *Le réservoir* est formé par un sceau en fer-blanc ou en cuivre occupant la partie moyenne de la monture de la lampe. Il peut contenir le double de l'huile nécessaire à un éclairage de quinze à seize heures.

Mécanisme.

7. *Le mécanisme* se compose des pièces ci-après désignées :

Un treuil portant la grande roue, et deux arbres horizontaux, munis des engrenages ordinaires aux mouvements d'horlogerie, dont le premier transmet le mouvement à un volant régulateur à ailes et le second à deux arbres verticaux au moyen de bielles. Ces derniers arbres traversent le réservoir d'huile et mettent en jeu les quatre pompes alimentaires par l'intermédiaire de deux leviers fixés à leur extrémité supérieure. En outre, un robinet placé sur le passage de l'huile permet d'augmenter ou de restreindre son affluence au bec.

Corps de pompes,

8. *Le corps de pompes* communique avec le réservoir d'huile au moyen d'un *tuyau aspirateur* garni inférieurement d'un petit filtre. Les *pistons*, au nombre de quatre, sont formés de *valvules* en peau de veau, et les *clapets* sont de simples rondelles de même cuir, ou de petits disques en cuivre : ces derniers doivent être préférés lorsque l'huile dont on se sert est visqueuse.

Bec de lampe.

9. *Le bec de lampe* porte des *mèches concentriques*, au nombre de une, deux, trois ou quatre, selon l'ordre de l'appareil.

Le bord inférieur de chacune de ces mèches est fixé par une bague sur un support circulaire, qui s'élève ou s'abaisse au moyen d'un petit cric.

L'huile arrive aux mèches par un tuyau qui forme la tige du bec et qui s'ajuste sur le corps de pompes au moyen d'un raccord à vis garni d'une rondelle de cuir.

Cheminée de cristal.

10. *La cheminée de cristal* est portée par une *robe* cylindrique, qui s'élève ou s'abaisse selon qu'on la tourne à gauche ou à droite.

Sur le sommet de la cheminée se place une allonge en tôle dans l'intérieur de laquelle est ajusté un *registre* ou *obturateur*, qui sert à modifier à volonté l'ouverture du tuyau. Cette allonge est maintenue par un collier en fer fixé à l'appareil.

Parties principales des lampes à piston et à poids.

11. Les lampes à piston et à poids comprennent cinq parties principales, savoir :

> *Le réservoir d'huile,*
>
> *Le piston,*
>
> *Le régulateur,*
>
> *Le bec,*
>
> *La cheminée.*

Réservoir d'huile.

12. Le réservoir d'huile est un sceau cylindrique en cuivre qui doit contenir environ quatre fois la quantité d'huile nécessaire pour un éclairage de 15 à 16 heures.

Piston.

13. Le piston se compose d'un cylindre en fonte d'un diamètre un peu moindre que celui du réservoir, et dont la circonférence est garnie d'un cuir embouti qui, lorsque le piston est en place, s'applique exactement contre la paroi du réservoir.

Ce piston est, en outre, chargé de poids en fonte ou en plomb, assez lourds pour faire équilibre à la colonne d'huile comprise entre sa face inférieure, lorsqu'il est en bas de sa course, et le dessus du bec.

Quelquefois ces poids, au lieu d'être placés sur le piston, et par conséquent dans le réservoir, y sont attachés par une tige qui traverse à frottement le fond du réservoir.

On remonte le piston à l'aide d'une ou de plusieurs chaînes s'enroulant autour d'un axe horizontal placé à la partie supérieure du réservoir, et qu'on tourne à l'aide d'une manivelle ou bien à l'aide de crémaillères verticales engrenant avec des roues fixées sur le même arbre. Régulateur.

14. Le régulateur se compose d'une tige conique, dont le mouvement est commandé par le piston, et qui, suivant que celui-ci est plus ou moins avancé dans sa course, entre moins ou plus dans un orifice que l'huile doit traverser pour se rendre au bec, lui livrant un passage plus large quand le piston est au bas de sa course, et la colonne à élever plus pesante, et le rétrécissant au contraire quand le piston est au haut de sa course et la colonne à élever moins pesante. Bec et cheminée.

15. La position du bec et de la cheminée est la même que dans les lampes mécaniques.

16. Les lampes à réservoir supérieur comprennent cinq parties principales. Parties principales des lampes à réservoirs supérieurs.

> Le *réservoir supérieur*,
> Le *réservoir inférieur ou trop plein*,
> Le *tube conducteur*,
> Le *bec*,
> La *cheminée*.

17. Ce réservoir, placé dans l'angle de l'appareil qui n'est pas éclairé et à un niveau supérieur à celui du bec, doit contenir environ quatre fois la quantité d'huile nécessaire pour un éclairage de quinze à seize heures. A sa face supérieure s'ouvre un tube dont l'extrémité inférieure plonge dans l'huile, et qui sert à la fois à produire l'écoulement constant et à remplir le réservoir. Ce dernier porte trois autres ouvertures, une à la partie supérieure, pourvue d'un robinet à air qu'il est nécessaire d'ouvrir lorsqu'on remplit le réservoir, et deux à la base, dont l'une reçoit un robinet de vidange et l'autre le tube conduisant l'huile au bec. Réservoir supérieur.

Dans les temps froids, une petite lampe allumée au-dessous du réservoir empêche l'huile de celui-ci de se figer.

18. Ce réservoir reçoit l'excédant d'huile ayant échappé à la combustion, et peut servir en outre de support au bec. Réservoir inférieur ou trop-plein.

19. Le tube conducteur est pourvu d'un robinet qui sert à régler l'écoulement de l'huile. Tube conducteur.

20. La disposition du bec et de la cheminée est la même que dans les lampes mécaniques ou à piston et à poids. Bec et cheminée.

21. Trois espèces de lampes sont en usage dans les appareils de quatrième, cinquième et sixième ordre : Appareils de 4e, 5e et 6e ordre.
Trois espèces de lampes.

> 1° La lampe à modérateur,
> 2° La lampe à réservoir supérieur,
> 3° La lampe à niveau constant.

22. Nous ne décrirons pas cette lampe, qui est semblable à celle employée pour les usages domestiques; nous ne la construisons, du reste, que sur demande spéciale, ayant reconnu par expérience qu'elle est beaucoup plus sujette à se déranger que les deux autres. Lampe à modérateur.

23. Elle est semblable à celle décrite plus haut pour les grands appareils, sauf que le réservoir, au lieu d'être à côté de l'appareil, est placé au-dessous et traversé par un tube qui livre passage à la fumée, ce qui, d'une part, permet de l'adapter aux appareils éclairant tout l'horizon, et, de l'autre, dispense de la lampe accessoire nécessaire, pour prévenir la congélation de l'huile dans les lampes à réservoir latéral. Lampe à réservoir supérieu

24. La lampe à niveau constant est composée de deux parties : le *corps de lampe* et le *réservoir*. Le *réservoir* ou la *bouteille* est munie à sa partie inférieure d'une soupape qui se relève quand la tige qu'elle porte vient s'appuyer sur le fond du corps de lampe; ainsi s'établit la communication entre le réservoir et le bec. Lampe à niveau constant.

Il faut, pour que ces lampes soient régulièrement alimentées :

1° Que l'extrémité de l'ajutage inférieur du réservoir soit de quelques millimètres plus bas que la couronne du bec ;

2° Que l'air extérieur arrive librement à l'orifice inférieur du réservoir pour remplacer l'huile à mesure qu'elle est consommée. Une ouverture qu'il faut avoir soin d'entretenir libre est ménagée à cet effet dans l'enveloppe de la lampe.

Consommation.

25. La consommation d'huile d'une lampe entretenue en plein effet s'élève par heure, savoir :

Dans une lampe du 1ᵉʳ ordre, à. . . . . . . 750 grammes.

Dans une lampe de 2ᵉ ordre, à. . . . . . 500 —

Dans une lampe de 3ᵉ ordre, à. . . . . . 190 —

Dans une lampe de 4ᵉ ordre, à. . . . . . 150 —

Dans une lampe de 5ᵉ et 6ᵉ ordre, à . . . 90 —

Quantité d'huile amenée au bec.

26. Dans les lampes des quatre premiers ordres il faut, pour que la flamme prenne tout son développement, et qu'en même temps la couronne du bec soit suffisamment rafraîchie, que la quantité d'huile amenée au bec soit environ quatre fois celle que la lampe consomme, c'est-à-dire :

Pour le 1ᵉʳ ordre.. . . . . 3 kilogrammes ;

Pour le 2ᵉ ordre. . . . . 2 —

Pour le 3ᵉ ordre. . . . . 760 grammes ;

Pour le 4ᵉ ordre.. . . . . 600 —

L'huile excédante est dégorgée par le bec et retombe dans le réservoir.

Poids moteur des lampes mécaniques.

27. Le poids moteur des lampes doit être mouflé, c'est-à-dire suspendu à la chape d'une poulie mobile.

Lorsque le mécanisme a été bien exécuté et est convenablement entretenu, le *poids mouflé* nécessaire pour le faire régulièrement fonctionner n'excède pas,

Dans les lampes du 1ᵉʳ ordre. . . . . . . 35 kilogrammes ;

Dans celles du 2ᵉ ordre. . . . . 30 —

Dans celles du 3ᵉ ordre. . . . . 20 —

Machine de rotation des phares à feu changeant.

28. Dans les *phares à feu changeant*, la partie tournante de l'appareil d'éclairage est mise en mouvement par une *machine de rotation*, qui a pour régulateur un volant simple ou un *volant-pendule*.

CHAPITRE II.

INSTALLATION DES APPAREILS LENTICULAIRES ET DE LEURS LAMPES.

Ajustement des panneaux lenticulaires et catadioptriques.

29. Les panneaux lenticulaires et catadioptriques des phares sont fixés solidement sur leurs armatures au moyen de vis et de boulons, et ne peuvent être dérangés que par des accidents tout à fait extraordinaires, dont il paraît inutile de s'occuper ici.

Installation de la lampe de service.

30. La *lampe de service* d'un phare lenticulaire est ordinairement placée sur un trépied, portant trois tiges verticales filetées et garnies d'écrous et contre-écrous. Ces tiges s'engagent dans les pieds de la lampe, et l'ajustement présente assez de jeu pour permettre de rectifier au besoin le *centrage*.

Pour que cette lampe soit bien installée, il faut,

1° Que le milieu du bec corresponde exactement à l'aplomb du centre ou *foyer* de l'appareil lenticulaire ;

2° Que la couronne de ce bec soit établie en contre-bas du milieu des lentilles, à la distance déterminée par la hauteur d'une jauge disposée à cet effet (1) ;

3° Que le dessus de cette couronne soit parfaitement de niveau.

31. Les diverses manœuvres nécessaires pour satisfaire à ces trois conditions sont ordinairement effectuées dans l'ordre suivant :

1° On détermine d'abord la position du centre de l'appareil au moyen de deux fils tendus diamétralement entre les milieux des quatre montants des cadres des lentilles.

2° On ajuste sur le bec la jauge dont il vient d'être parlé, et dont le milieu est marqué d'une manière apparente.

3° A l'aide des écrous de calage du trépied, on amène la lampe à peu près à la hauteur convenable ; on pose ensuite sur la couronne du bec un petit niveau à bulle d'air, et d'après ses indications on rectifie le calage de la lampe de manière que le dessus de ce bec se trouve horizontal.

4° Pour *centrer* le bec, c'est-à-dire pour faire correspondre le milieu de la jauge au point où les deux fils se croisent, on desserre les écrous supérieurs des vis de calage, et l'on déplace horizontalement la lampe, autant qu'il peut être nécessaire pour l'amener à la position convenable.

5° On replace enfin le petit niveau sur la couronne du bec, et si l'on reconnaît qu'elle n'est plus horizontale, on la ramène à cette position, en observant de satisfaire en même temps aux deux premières conditions relatives au centrage et à la hauteur.

32. Deux lampes de rechange doivent toujours être tenues en réserve pour remplacer au besoin la lampe de service.

CHAPITRE III.

SERVICE DES LAMPES.

33. Quand on veut disposer une lampe pour l'éclairage, il faut procéder conformément aux prescriptions ci-après :

On garnit d'abord le bec de ses mèches, en opérant, pour chacune d'elles, de la manière suivante :

Le porte-mèche étant détaché du bec, on le place sur la partie du mandrin destiné à le recevoir (art. 92, pag. LVI) ; on pose la mèche sur ce mandrin et on la descend jusque sur l'arrêt du porte-mèche, puis on la fixe sur cette pièce par une bague qui la presse fortement ; on coupe ensuite le bord inférieur bien régulièrement et on le recouvre également par la bague, afin de ne pas obstruer le passage de l'huile (2).

Les mèches étant posées, on les descend au plus bas ; puis, avec des *ciseaux courbes*, bien tranchants, on coupe leur bord supérieur à fleur du bec.

Si la couronne du bec présentait quelques points ou fils saillants, ces inégalités feraient fumer la flamme, et se couvriraient bientôt de dépôts charbonneux appelés *champignons*. Il est donc très-essentiel de couper régulièrement les mèches, tant dans cette première opération que dans les mouchages successifs.

(1) Cette distance verticale est généralement réglée comme il suit, savoir :

        Pour les phares du 1ᵉʳ ordre. . . . . 28 millimètres.
        Pour les phares du 2ᵉ ordre. 26   —
        Pour les phares du 3ᵉ ordre. 24   —

Lorsque l'élévation des phares est telle qu'elle oblige d'incliner leurs lentilles, on relève le bec proportionnellement à cette inclinaison.

(2) Si quelques mèches se trouvaient d'un diamètre un peu trop grand, on les réduirait à la dimension convenable en enlevant avec précaution un nombre suffisant des fils de la chaîne.

Remplissage du réservoir et montage du mécanisme.

Après avoir garni le bec, on remplit le réservoir; puis on monte, soit le piston, soit le poids moteur du mécanisme à l'aide de sa manivelle, s'il s'agit d'une lampe mécanique ou d'une lampe à piston et à poids, ou l'on ouvre le robinet du tube conducteur s'il s'agit d'une lampe à réservoir supérieur. Au bout de quelques instants l'huile vient baigner la couronne du bec et s'écoule par l'égouttoir.

Vérification de la quantité d'huile amenée au bec.

34. Pour reconnaître si l'huile arrivée au bec est en quantité suffisante, on peut placer au-dessous de l'égouttoir un vase ayant la capacité de 250 grammes, et prendre note du temps dans lequel il se trouve rempli. D'après ce qui a été dit ci-dessus, ce temps devrait être, avant l'allumage :

De 5 minutes pour une lampe du 1er ordre,

De 7 minutes 1/2 pour une lampe du 2e ordre,

De 19 minutes 3/4 pour une lampe du 3e ordre.

Allumage d'un bec à mèches concentriques.

35. Lorsque les mèches sont suffisamment imbibées d'huile, on peut procéder à l'allumage, en prenant les précautions suivantes :

On élève d'abord la mèche centrale, n° 1er, d'environ 15 millimètres, et à l'aide d'une lucerne, on met le feu à deux points opposés de cette mèche, que l'on abaisse ensuite autant qu'on peut le faire sans l'éteindre. On procède de même pour les mèches n°s 2, 3 et 4, en se hâtant de les abaisser successivement aussitôt qu'elles sont allumées, afin de ne pas enfumer l'appareil. Cela fait, on pose sur le bec la cheminée de cristal, que l'on coiffe de son obturateur.

Position de la clef de l'obturateur et du coude de la cheminée.

36. Dans les premiers instants de l'allumage, on tiendra la clef de l'obturateur inclinée à 45 degrés et le coude de la cheminée aussi élevé que possible, afin de prévenir la rupture qui pourrait résulter d'un trop brusque échauffement. On redescendra ensuite graduellement cette cheminée jusqu'au point qui permet de donner à la flamme le développement prescrit à l'art. 39, en lui maintenant tout son éclat. Trop basse, elle s'oppose à ce que la flamme atteigne à la hauteur voulue; trop haute, elle donne une flamme rouge et peu éclatante.

Conduite de la lampe pendant la première heure.

37. Pendant la première heure de la combustion, la hauteur des mèches au-dessus du bec ne devra pas excéder 5 à 6 millimètres, et l'on veillera à ce que les flammes ne montent pas trop rapidement, ce qui pourrait occasionner la rupture de la cheminée et ferait charbonner les mèches.

Emploi de l'obturateur pour gouverner les flammes.

38. A mesure que la combustion deviendra plus active, on ouvrira l'obturateur autant que besoin sera, et on relèvera les mèches à la hauteur de 7 millimètres, qu'il ne faudra que très-rarement dépasser. En ouvrant l'obturateur, la flamme s'abaisse et blanchit; en le fermant, elle s'élève, rougit et devient fumeuse.

Hauteur moyenne des flammes en plein effet.

39. Au bout d'une heure, les flammes ainsi gouvernées devront se trouver à peu près en plein effet, et avoir atteint les hauteurs moyennes ci-après, savoir :

Pour une lampe du 1er ordre. . . . 10 à 11 centimètres.

—   2e — . . . . . 8 à 9   —

—   3e — . . . . . 7 à 8   —

On maintiendra les flammes à la hauteur voulue en faisant jouer au besoin et convenablement la clef de l'obturateur.

Réveil à carillon.

40. Pour faciliter la surveillance des gardiens, on adapte à la lampe de service des appareils lenticulaires un *réveil à carillon*. L'échappement de ce mécanisme est retenu par la queue d'un levier portant à l'autre extrémité un godet percé d'un petit trou. Ce vase est placé sous l'orifice de l'égouttoir du bec, et, tant qu'il est entretenu plein d'huile, il soutient son contre-poids; mais, si l'ascension de l'huile vient à s'arrêter, le godet se vide, et le contre-poids, s'abaissant, lève l'arrêt du carillon, qui entre aussitôt en jeu.

DEUXIÈME SECTION

SERVICE DE L'ÉCLAIRAGE.

CHAPITRE PREMIER.

SERVICE DU SOIR ET DE NUIT.

41. *Le service de nuit* des phares lenticulaires est fait par deux ou trois gardiens qui sont alternativement de quart.

42. Chaque soir, une demi-heure avant le coucher du soleil, les deux gardiens de service pour la nuit monteront à la chambre de la lanterne, après s'être munis d'une *lanterne d'allumeur* (art. 90). — Service du soir.

Si le service de jour a été fait régulièrement, les dispositions suivantes auront dû être prises :

1° La lampe de l'appareil prête à être allumée sera coiffée de son couvercle. — Dispositions préalables prises pendant le jour.

2° Son poids moteur, s'il s'agit d'une lampe mécanique, remonté à toute hauteur, sera soutenu par une cheville en fer, au niveau de la table de l'armature.

3° La cheminée, déposée dans une petite boîte, sera placée sur cette table, ainsi que le panier de service garni des ustensiles le plus ordinairement employés pour le service de l'éclairage.

4° Quatre cheminées de cristal et un bec de rechange garni de *mèches sèches* seront tenus en réserve dans une des cases de l'estrade (1) de la table de l'armature, si le phare est du premier ordre, ou dans la petite armoire de la chambre de la lanterne, s'il est d'un ordre inférieur.

5° Dans l'une des armoires de la chambre de service seront renfermées les deux lampes de rechange coiffées de leur couvercle, et dont l'une au moins devra être prête à fonctionner.

6° Un seau plein d'huile filtrée de la veille sera tenu en réserve dans la chambre de service.

7° S'il y a une machine de rotation, le poids moteur sera élevé à toute sa hauteur, la roue de champ sera tenue par son verrou, et le cône de friction sera désembrayé.

8° Une lampe veilleuse sera tenue allumée dans la chambre de service, pour que l'on ne soit pas exposé à manquer de feu dans le phare, et à proximité sera placée une lanterne prête à être allumée, pour le cas où il deviendrait nécessaire de moucher ou de changer la lampe de service. — Lampe-veilleuse et lanterne de la chambre de service.

9° Les stores de la lanterne seront baissés, et les pièces de la partie optique de l'appareil seront recouvertes des rideaux destinés à les préserver de l'action du soleil. — Stores et rideaux.

43. On commencera l'allumage un quart d'heure après le coucher du soleil, afin que le phare puisse être à peu près en plein effet à la chute du jour. — Allumage de la lampe de l'appareil.

44. On se conformera, pour cette opération et pour la conduite de la lampe, aux indications données ci-dessus.

A la chute du jour on lèvera les stores et les rideaux.

45. Si le phare est à feu changeant, on mettra la machine de rotation en mouvement immédiatement après l'allumage. Il suffira pour cela d'abaisser le cône de friction et de tirer ensuite le verrou de la roue de champ. — Mise en mouvement de la machine de rotation.

(1) Les tables des appareils du deuxième et du troisième ordre n'ont pas d'estrade.

Mouchage de la lampe.

46. Si, après une longue combustion, les mèches se trouvaient trop charbonnées pour que l'on pût maintenir leurs flammes à hauteur convenable, en fermant à moitié la clef de l'obturateur et même en augmentant de 2 à 3 millimètres la hauteur de ces mèches, il deviendrait alors nécessaire de les moucher.

Cette opération, qui, en pareille circonstance, exige le concours de deux gardiens de service, s'exécute avec les précautions suivantes :

1° On suspend dans l'intérieur de l'appareil la lanterne disposée à cet effet dans la chambre de service, et l'on place sur l'estrade de l'armature (1), ou sur la galerie de service, la lanterne d'allumeur, ainsi que deux cheminées de rechange parfaitement sèches et essuyées.

2° On éteint la lampe de l'appareil en abaissant les mèches, puis on soulève l'obturateur et l'on ôte la cheminée en l'entourant d'un morceau de drap bien sec, qui permet de la saisir sans se brûler ; on la roule ensuite dans cette étoffe, on la dépose dans la boîte, et on la laisse refroidir graduellement afin de prévenir sa rupture.

3° Si la lampe est mécanique, on l'arrête, en remontant le poids moteur et en le soutenant au niveau de la table de l'armature avec la cheville en fer à ce destinée ; si elle est à piston et à poids ou à réservoir supérieur, on se borne à fermer le robinet qui se trouve sur le parcours de l'huile ; puis on coupe les mèches le plus promptement possible, après quoi on rétablit l'écoulement de l'huile et on rallume les mèches, en les portant de suite à la hauteur de 7 millimètres. Cela fait, on remet en place la cheminée encore chaude, et en peu d'instants les flammes reprennent leur première hauteur.

Si la cheminée de service venait à se casser, elle serait remplacée par l'une des deux cheminées disposées pour rechange. Dans ce cas, on observerait de tenir les flammes basses durant quelques moments, pour ne pas échauffer trop brusquement la nouvelle cheminée.

47. Le mouchage peut encore devenir nécessaire lorsqu'il se forme sur les mèches des champignons qui font rougir et fumer la flamme.

Ces dépôts charbonneux sont ordinairement occasionnés, soit par les pointes ou fils restés sur le bord des mèches, soit par les ordures qui peuvent s'y être attachées, ou qui obstruent quelque partie des conduits réservés à la circulation de l'air (2).

Changement de lampe de service.

48. Lorsque dans le cours de la nuit quelque accident survenu à la lampe de service obligera de la remplacer par une lampe de rechange, on procédera comme il suit à cette opération :

On placera d'abord sur la galerie de service la lampe de rechange garnie de sa corde et de sa poulie, et le seau plein d'huile qui aura dû être tenu en réserve (art. 42, § 6).

On suspendra dans l'intérieur de l'appareil la lanterne disposée à cet effet dans la chambre de service.

On déposera sur l'estrade (3), ou sur la galerie de service, deux cheminées, le panier de service, la lanterne d'allumeur et le bec de rechange garni de mèches, si le bec de service doit être remplacé.

Après avoir abaissé graduellement les mèches de la lampe de l'appareil pour les éteindre, on enlèvera la cheminée avec les précautions ci-dessus indiquées ; et si la lampe est mécanique, on remontera le poids à toute hauteur, et on l'arrêtera au niveau de la table de l'armature par une cheville en fer ; on décrochera la poulie, puis on enlèvera la lampe de l'appareil et on la remplacera par celle de rechange.

Cela fait, on ajustera sur la nouvelle lampe, soit l'ancien bec s'il peut servir, soit le bec de

(1) Voir la note 1, page XLVII.

(2) Il peut arriver aussi que la formation des champignons sur le bord des mèches résulte uniquement de la mauvaise qualité de l'huile.

(3) Voir la note 1, page XLVII.

rechange après l'avoir plongé dans l'huile, et l'on vérifiera par un aperçu rapide la position de sa couronne.

Si cette couronne ne se trouve pas de niveau, on fera jouer les vis de calage autant qu'il sera nécessaire pour l'amener à peu près à la position horizontale.

On versera ensuite dans le réservoir de la nouvelle lampe l'huile contenue dans le seau.

La lampe de rechange ayant été ainsi installée le plus rapidement possible, on la mettra en jeu et on l'allumera avec toute la célérité que pourront comporter les précautions requises pour prévenir la rupture de la cheminée.

Le jour venu, on rectifiera avec soin l'installation de cette lampe.

49. Le gardien de quart ne devra jamais procéder au changement de lampe sans se faire assister du second gardien de service.

50. Lorsqu'on se trouvera obligé dans le cours de la nuit de remonter la lampe de service, il faudra, après chaque troisième tour de la manivelle, agir pendant un instant dans le sens de l'action du poids moteur. Si l'on ne prenait pas cette précaution, les flammes s'élèveraient pendant l'interruption de l'ascension de l'huile et enfumeraient la cheminée. *Précautions à prendre durant la nuit pour remonter la lampe de service.*

51. Dans le cas où le gardien de quart, ayant négligé du surveiller la lampe de l'appareil, serait averti par la sonnerie du carillon que l'ascension de l'huile est ralentie ou suspendue, il devrait aussitôt entrer dans l'appareil et accélérer le mouvement des pompes par un effort modéré exercé sur la manivelle du remontoir dans le sens de l'action du poids moteur. *Mesures à prendre dans le cas où le bec de la lampe de service viendrait à manquer d'huile.*

Si la lampe est à piston et à poids, il ouvrira entièrement le robinet, dévissera la tige du régulateur de manière à agrandir l'orifice de passage de l'huile, et au besoin appuiera sur le piston avec un bâton ou une tige en fer.

Il examinerait ensuite s'il ne serait pas nécessaire de changer le bec ou même la lampe de service.

52. Lorsque le froid sera assez intense pour faire geler l'huile de colza, on observera les précautions suivantes dans le service du soir : *Chauffoir de la lampe de service.*

1° Une heure avant le coucher du soleil, l'huile destinée à alimenter la lampe sera mise à chauffer jusqu'à ce qu'elle ait pris une température telle qu'on ait peine à y tenir la main, après quoi on versera cette huile dans le réservoir.

2° On dévissera le bec, on versera de l'huile chaude à l'aide d'un entonnoir par l'orifice du corps de pompes ; puis, après avoir tenu quelques instants le bec lui-même plongé dans l'huile chaude, on le remettra en place et on l'allumera.

3° On garnira ensuite et on allumera la lampe du *chauffoir à deux tubulures*, et, après avoir vissé la rondelle de ce petit appareil de manière à le rendre bien étanche, on le plongera dans le réservoir de la lampe de service.

Il faudra observer de ne pas élever la mèche de la lampe du chauffoir à plus de 7 millimètres au-dessus de son bec, car autrement il pourrait se trouver éteint par l'épaisse fumée qui serait produite.

CHAPITRE II.

SERVICE DU MATIN.

53. Les principales opérations du service du matin seront effectuées dans l'ordre suivant :

1° Au point du jour, on éteindra la lampe de l'appareil, en commençant par la mèche extérieure, et en procédant graduellement pour ne pas exposer la cheminée aux effets d'un changement trop brusque de température. *Extinction de la lampe de l'appareil.*

Remontage du poids moteur de cette lampe.

2° Si la lampe est mécanique, on remontera le poids moteur jusqu'au niveau de la table de service, et on le fixera comme il a été dit plus haut.

Remontage du poids de la machine de rotation.

3° On remontera, si le phare est tournant, le poids de la machine de rotation, et l'on arrêtera la roue de champ au moyen de son verrou. On désembrayera ensuite en relevant le cône de friction, afin que cette machine ne soit pas exposée à recevoir des secousses qui pourraient l'endommager.

Stores à baisser; rideaux à remettre en place.

4° On abaissera les stores de la lanterne, et l'on remettra en place les rideaux de l'appareil, double précaution essentielle pour empêcher que les rayons solaires ne brûlent le bec de la lampe de service.

Enlèvement de la cheminée de cristal.
Mouchage.

5° On enlèvera la cheminée de cristal, et on la déposera provisoirement sur la table de service.

6° On mouchera les mèches de la lampe, de manière qu'elles affleurent exactement le bec, conformément aux indications de l'article 33.

Nettoiement du bec et des parties extérieures de la lampe.

7° On nettoiera l'intérieur du bec avec un petit goupillon, et tout le dehors de la lampe avec un torchon.

Nettoiement du réservoir et renouvellement de l'huile.

8° On fera écouler l'huile du réservoir dans un seau, qui sera mis à part (1).

9° On rincera ce réservoir avec de l'huile neuve filtrée (qui sera ensuite repassée au filtre), et l'on enlèvera, à l'aide d'un linge neuf attaché à l'extrémité d'un petit bâton, les ordures qui n'auraient pas été entraînées par le rinçage.

10° Si le filtre du tube aspirateur paraît obstrué, on démontera ce tube pour le nettoyer, puis on le remettra en place.

11° Le réservoir sera ensuite rempli d'huile filtrée de la veille.

Nettoiement de la cheminée de cristal.

12° La cheminée de service sera nettoyée avec soin, de la manière indiquée à l'article 61, et déposée, dans l'une des cases de l'estrade, ou dans l'armoire de la chambre de la lanterne.

Renouvellement des mèches.

54. Lorsqu'on aura renouvelé en tout ou en partie la garniture du bec de lampe de service, il faudra faire marcher de suite la lampe pendant une heure, afin de bien imbiber d'huile les mèches neuves.

Coiffe de la lampe de service.

55. Après avoir terminé le service du matin en ce qui concerne la lampe, on la recouvrira de sa coiffe, afin de tenir le bec, le corps de pompes et le réservoir, à l'abri de la poussière jusqu'au moment de l'allumage.

TROISIÈME SECTION.

SERVICE D'ENTRETIEN ET DE PROPRETÉ.

CHAPITRE PREMIER.

ENTRETIEN DES LAMPES.

Changement périodique de lampe de service.

56. Après quinze jours de service continu, la lampe de l'appareil devra être remplacée par l'une des deux lampes de rechange, et ce roulement s'opérera régulièrement entre les trois lampes, autant toutefois qu'elles se trouveront toutes les trois en état de fonctionner.

57. Le changement dont il s'agit s'effectuera le matin, et l'on ne manquera pas de faire mar-

(1) Après avoir laissé reposer cette huile pendant quelques heures, on la versera sur le filtre avec de l'huile neuve.

L'emploi du filtre est indispensable, même pour l'huile neuve, afin de la purger des petits filaments de coton qu'elle contient presque toujours par suite de procédés usités pour la clarification.

cher de suite la nouvelle lampe pendant quelques heures, pour s'assurer qu'elle fonctionne régulièrement. On aura soin de la garnir d'huile au préalable.

58. La lampe retirée de l'appareil sera visitée et nettoyée avec soin. Si elle est mécanique, on observera de démonter le corps de pompes pour en extraire l'huile qui pourrait y être restée, et qui, en vieillissant, entraverait le jeu des clapets. On dévissera le tube aspirateur et l'on nettoiera son filtre. Si elle est à piston, on démontera et on visitera le régulateur et on nettoiera le tube conducteur.

Nettoiement des lampes mécaniques après quinze jours de service.

La lampe remontée et recouverte de sa coiffe sera ensuite déposée dans l'une des armoires de la chambre de service.

59. Des six becs appartenant aux trois lampes du phare, l'un restera monté et garni sur la lampe de l'appareil ; un autre, garni de *mèches sèches*, sera conservé comme rechange dans une des cases de l'estrade ou dans l'armoire de la chambre de la lanterne. Les quatre autres, entièrement dégarnis de mèches, bien nettoyés, bien secs, et ayant leurs crémaillères légèrement graissées de saindoux, seront tenus renfermés dans une armoire exempte d'humidité, et ne serviront que lorsqu'un des deux premiers aura besoin d'être réparé.

Emploi et conservation des becs à mèches multiples.

Les becs tenus en réserve devront être visités de temps en temps et nettoyés au besoin. On vérifiera particulièrement si leurs crémaillères jouent librement, et, après les avoir essuyées, on les graissera de nouveau.

60. Pour conserver aux mécanismes des lampes leur mobilité, on aura soin de mettre de temps en temps aux pivots des diverses pièces mobiles un peu d'huile d'horloger. On en mettra plus souvent qu'aux autres pièces, aux pivots du volant, à ceux de la roue de champ et à la vis sans fin des lampes à mouvement d'horlogerie. On observera d'ailleurs de n'appliquer cette huile qu'en très-petite quantité, et après avoir soigneusement essuyé avec une baguette entourée d'un linge neuf tout ce qui pourra rester d'huile ancienne adhérente aux diverses parties du mécanisme.

Entretien ordinaire du mécanisme des lampes.

61. Chaque lampe mécanique devra être démontée et complétement nettoyée aussi souvent qu'il pourra être nécessaire, et au moins une fois par an.

Démontage et nettoiement complet des lampes mécaniques.

62. Pour nettoyer les pièces en laiton du mécanisme, on appliquera sur toutes leurs faces du tripoli délayé dans l'esprit-de-vin, et on les frottera ensuite avec une brosse à argenterie jusqu'à ce qu'elles aient repris un beau poli.

Les pièces en acier seront nettoyées avec du tripoli délayé dans un peu d'huile d'horloger.

Avant de remonter ce mécanisme, on nettoiera avec une petite tige de bois tendre les trous des pivots des rouages, ainsi que les écrous et les filets des vis, et on s'attachera surtout à faire disparaître de toutes les pièces jusqu'à la moindre parcelle du tripoli employé dans le nettoiement.

63. Lorsqu'une lampe mécanique, après avoir marché régulièrement pendant quelque temps, cessera de bien fonctionner, les gardiens devront rechercher la cause de cette perturbation, afin d'y remédier autant qu'il leur sera possible.

Dérangement du mécanisme des lampes et moyens d'y remédier.

Pour faciliter cette recherche, on va exposer ici les principales causes qui peuvent troubler la marche ou nuire à l'effet des lampes mécaniques d'abord, puis des lampes à piston et à poids :

1° Il peut arriver qu'un des clapets cesse de fonctionner par l'effet du dérangement de la toile métallique qui le maintient, et qu'il suffira alors de remettre en place.

Jeu d'un clapet arrêté.

2° Lorsqu'une lampe mécanique est restée longtemps sans emploi, et qu'on a négligé, après s'en être servi, de nettoyer à fond le corps de pompes, ses clapets perdent leur mobilité par l'effet de la viscosité que prend en vieillissant la couche d'huile adhérente à leur surface.

Jeu des clapets.

Il faudra nettoyer les clapets ainsi empoissés en les lavant dans de l'huile tiède, ou même les remplacer par des clapets neufs fabriqués avec l'emporte-pièce destiné à cet usage.

3° Lorsqu'une des valvules vient à crever, l'ascension de l'huile ne s'opère plus régulièrement, ni en quantité suffisante. On reconnaît tout d'abord cet accident par la perte de l'huile qui en

Valvules crevées.

résulte, et l'on y remédie en remplaçant cette valvule par un cuir neuf auquel on donne la forme convenable au moyen d'un moule en fonte.

Le renouvellement des valvules des lampes mécaniques est une opération à laquelle les gardiens des phares lenticulaires doivent être exercés. Il faut, en y procédant, observer de ne pas trop tendre la peau de veau sur le corps de pompes, car il en résulterait des temps d'arrêt dans les mouvements des pistons, et conséquemment des irrégularités dans l'ascension de l'huile. Il y aurait de même irrégularité dans les mouvements, si les valvules avaient trop de développement.

Si la rupture d'une valvule arrivait dans le cours du service de nuit, et que la flamme ne pût être maintenue aux deux tiers de la hauteur prescrite, il deviendrait nécessaire de changer de lampe.

Tube aspirateur obstrué.

4° Si l'on négligeait de renouveler la lampe de service tous les quinze jours, ou de filtrer l'huile avant de la verser dans le réservoir, ou enfin de nettoyer la toile métallique du tube aspirateur au moins une fois par semaine, il pourrait arriver que les petits trous de cette toile se trouvassent obstrués au point d'intercepter ou du moins d'entraver considérablement l'ascension de l'huile.

Pour éviter en pareil cas le changement de lampe durant le service de nuit, on pourrait essayer de surmonter l'obstacle en augmentant le poids moteur ou en ouvrant les ailes du volant dans les lampes pourvues de ces régulateurs.

Défaut ou excès d'alimentation du bec de lampe par les pompes.

5° Lorsque le bec d'une lampe mécanique n'est pas arrosé d'une quantité d'huile suffisante, les mèches charbonnent, la flamme rougit et s'élève en fumant, et si l'ascension de l'huile vient à cesser tout à fait, la couronne du bec n'étant plus rafraîchie, se brûle ou du moins se dessoude.

Si, au contraire, l'huile arrive en excès, elle s'oppose au développement des flammes.

Dans le premier cas, on commence par ouvrir entièrement le robinet placé au-dessous du bec, puis on accélère à la main le mouvement des pompes.

Quant à la surabondance d'huile, on y remédie en fermant légèrement le robinet régulateur.

Dérangement des lampes à piston et à poids.

Dans les lampes à piston et à poids, il peut survenir les dérangements suivants :

1° L'orifice du régulateur peut être obstrué; dans ce cas, on dévissera la tige conique, jusqu'à ce que l'huile ait pris son écoulement normal;

2° Le poids du piston peut être insuffisant, ce qui peut tenir soit à la nature trop épaisse de l'huile, soit à l'encrassement du cuir; dans ce cas, on enlève le piston, en démontant la partie supérieure de la lampe, et on nettoie le cuir avec de l'huile propre;

3° Il se peut que le piston descende dans le réservoir sans cependant élever l'huile; cela tient soit à l'usure du cuir, soit à ce que les ordures se sont introduites entre lui et le corps de pompes et permettent à l'huile de passer; dans ce cas, comme dans le précédent, on enlèvera et on visitera le piston et, s'il est trop usé, on le remplacera par un piston de rechange;

4° Quand l'huile arrive en trop grande abondance au bec, on y remédie, comme dans les lampes mécaniques, en fermant en partie le robinet du tube conducteur;

Nettoiement des becs de lampe et des ustensiles en fer-blanc.

64. Lorsqu'un bec de lampe se trouvera sali et empoissé, on le nettoiera en le plongeant et le lavant à plusieurs reprises dans l'eau bouillante. En cas d'insuffisance de l'eau pure, on aura recours à l'emploi d'une lessive chaude très-légère.

Les vases et ustensiles de fer-blanc seront nettoyés avec du blanc d'Espagne détrempé dans un peu d'huile.

Nettoiement des cheminées de cristal.

65. Les cheminées de cristal salies par la fumée, ou par des gouttes d'huile brûlée, seront nettoyées en les frottant, jusqu'à ce que toutes les taches aient disparu, avec un chiffon ou un petit morceau de bois tendre trempé dans l'huile, puis on les essuiera et on les passera au blanc d'Espagne. On rendra ainsi au verre toute sa netteté et sa transparence.

CHAPITRE III.

ENTRETIEN DE LA MACHINE DE ROTATION ET DU CHARIOT DES PHARES A FEU CHANGEANT, AINSI QUE DE DIVERSES PIÈCES ACCESSOIRES (1).

66. On préviendra autant que possible l'introduction de la poussière dans la cage de la machine de rotation des phares à feu changeant, et l'on nettoiera aussi souvent qu'il sera nécessaire les rouages et pivots de cette machine, avec un petit plumeau et un linge doux et propre.

Pour opérer ce nettoiement, on démontera la cage qui enveloppe le mécanisme.

67. De temps en temps, on mettra un peu d'huile d'horloger aux pivots du volant, aux articulations de ses ailes mobiles (s'il s'agit d'un *volant-pendule*), et aux pivots du cylindre portant la corde du poids moteur. On huilera aussi, mais plus rarement, les pivots des autres pièces. On observera d'ailleurs, avant d'appliquer l'huile nouvelle, d'enlever avec soin la vieille huile épaissie.

68. Pour prévenir l'oxydation des pièces en fer ou en acier poli, on les frottera, aussi souvent qu'il sera nécessaire, avec un morceau d'étoffe enduite de suif ou autre graisse non salée.

On devra d'ailleurs observer de n'étendre cette graisse sur aucune des pièces en cuivre, bronze ou laiton.

69. Chaque année, au mois de juillet, la machine de rotation sera démontée par les gardiens pour être nettoyée à fond.

Ils procéderont à ce nettoiement ainsi qu'il a été dit pour les mouvements des lampes mécaniques.

Dans les appareils à machine de rotation intérieure, une des faces de l'enveloppe est mobile, et après qu'elle a été enlevée on peut retirer, en défaisant quatre boulons, la machine de rotation tout entière, qu'il devient alors facile de démonter et de nettoyer comme il a été dit plus haut.

70. Après avoir remonté toutes les pièces de la machine de rotation, on la fera marcher pour s'assurer qu'elle fonctionne librement à l'aide du poids ordinaire, et que chaque révolution de l'appareil s'effectue dans l'intervalle du temps prescrit.

Dans le cas où le mouvement serait ou trop lent ou trop rapide, on pourrait le modifier convenablement en abaissant ou en redressant les ailes du volant.

Si le régulateur est un *volant-pendule*, on pourra au besoin accélérer le mouvement en relevant les balles mobiles, ou le ralentir en les abaissant sur leurs tiges.

On reconnaîtra d'ailleurs à l'écartement plus ou moins grand de ces balles les variations de la résistance qu'opposera l'armature mobile à l'action de la machine.

71. Le volant de rechange sera renfermé dans une boîte placée à l'abri de l'humidité. On le visitera de temps en temps, et l'on aura soin de graisser ses pièces en acier poli, en observant à chaque fois de les essuyer préalablement.

72. Les grands et petits galets du chariot, les galets du manchon tournant, ainsi que les chemins qu'ils parcourent, seront journellement essuyés. Les pivots des galets seront nettoyés et huilés aussi souvent qu'il sera nécessaire.

73. Lorsqu'il s'agira de démonter le chariot circulaire de l'armature mobile pour le nettoyer, on commencera par soulever de quelques millimètres cette armature, à l'aide de trois petits verrins spécialement destinés à cet usage, et que l'on remplacera successivement par des tasseaux de bois régulièrement équarris. Cela fait, on enlèvera les galets extérieurs, puis l'on ôtera les goupilles des tenons du cercle en fer du chariot, et l'on désassemblera ensuite ses deux parties, en prenant garde de fausser les pivots.

Cette opération, ainsi que le remontage du chariot, exigera le concours de deux gardiens.

(1) Il n'y a dans ce chapitre que les deux derniers articles qui concernent le service des gardiens des phares à feu fixe.

74. Les trois verrins destinés à soulever au besoin l'armature mobile devront être entretenus constamment en bon état et prêts à fonctionner, ainsi que les autres outils et ustensiles.

Tous les outils et ustensiles en acier ou en fer dont on ne se servira qu'accidentellement devront être entretenus constamment graissés avec du saindoux et renfermés dans une armoire exempte d'humidité.

75. Indépendamment du nettoyage ordinaire, le filtre à huile sera l'objet de soins particuliers. Tous les mois on savonnera le morceau de drap qui repose sur sa passoire, et on passera le sable à l'eau bouillante. On ne les remettra en place qu'après les avoir purgés de toute humidité; à cet effet, le sable devra être chauffé dans un vase.

On observera de ne jamais employer de sable de mer, même après l'avoir lavé dans l'eau.

CHAPITRE III.

ENTRETIEN DES LENTILLES ET DES ANNEAUX CATADIOPTRIQUES.

76. On époussetera chaque jour les lentilles ainsi que les anneaux catadioptriques de l'appareil, et on les essuiera au besoin avec un linge doux et propre.

Il est à remarquer que si l'on essuyait ces pièces avant de les épousseter, on s'exposerait à rayer leur surface.

77. Si quelque partie de la surface des lentilles ou des anneaux catadioptriques se trouve tachée d'huile, on devra la nettoyer de suite avec un linge imbibé d'esprit de vin.

78. Tous les deux mois, on lavera à l'esprit de vin la surface entière des verres lenticulaires, après quoi l'on essuiera chacune de ses pièces, comme il vient d'être dit.

79. Ces mêmes pièces seront passées au rouge à polir, une fois par an.

Cette opération s'exécutera comme il suit :

On écrasera et on délayera dans l'eau une petite quantité de cette substance, quinze grammes par exemple, dont on formera une bouillie claire. Cette bouillie sera ensuite étendue dans un demi-litre d'eau environ, et, après l'avoir bien brassée avec une petite baguette, on la laissera déposer quelques instants. On décantera ensuite la liqueur, en la versant doucement dans un autre vase pour la débarrasser des petits graviers qu'elle pourrait contenir, et qui resteront au fond du premier vase. Cela fait, on la laissera reposer une demi-heure environ, puis on fera écouler l'eau jusqu'à ce que le rouge commence à paraître au bord du vase.

Ce rouge liquide sera étendu en couche légère, à l'aide d'un pinceau ou d'un linge doux, sur toute la surface des verres à nettoyer.

Lorsque cette peinture sera sèche, on la frottera avec une peau de chamois jusqu'à ce que le rouge soit entièrement enlevé.

Le rouge ainsi préparé devra être employé en totalité, attendu que le résidu ne pourrait pas servir pour un autre nettoiement.

80. Le rouge à polir devra être soigneusememement enveloppé et renfermé pour qu'il ne s'y attache aucune poussière. S'il n'était pas doux au toucher, on devrait s'abstenir de l'employer, attendu qu'au lieu d'entretenir le poli du verre, il pourrait l'altérer.

81. Les réflecteurs métalliques, employés comme pièces additionnelles dans quelques phares lenticulaires, seront frottés tous les jours, d'abord avec un linge doux, puis avec une peau de chamois uniquement destinée à cet usage.

82. Tous les deux mois, ces réflecteurs seront passés au blanc d'Espagne.

Ce blanc sera préparé de la même manière que le rouge à polir, et on observera les mêmes précautions dans son emploi. Cela est d'autant plus essentiel, que le poli de l'argent est bien plus facilement attaquable que celui du verre.

CHAPITRE IV.

ENTRETIEN DES GLACES ET DU MASTICAGE DE LA LANTERNE.

83. Les glaces de la lanterne devront être constamment tenues en état de parfaite propreté.

A cet effet, elles seront essuyées intérieurement tous les jours avec un linge exempt de taches d'huile, et seront essuyées de même à l'extérieur, s'il est nécessaire.

Les taches qui resteraient sur les glaces après ce nettoiement, seront enlevées au moyen d'un peu d'eau et au besoin avec de l'esprit de vin.

84. Indépendamment de ces nettoiements journaliers, les glaces de la lanterne seront passées tous les ans au rouge à polir, tant intérieurement qu'extérieurement, en observant d'ailleurs les précautions ci-dessus indiquées pour le nettoiement des lentilles.

85. Le masticage des encadrements des glaces et de tous les joints de la lanterne, par lesquels l'eau des pluies pourrait pénétrer, devra être entretenu avec le plus grand soin.

Le mastic à employer sera formé de deux parties de blanc d'Espagne, et d'une partie de blanc de céruse, le tout pulvérisé et réduit en pâte un peu ferme, bien corroyée avec parties égales d'huile de lin et d'huile cuite.

86. Comme les gardiens des phares peuvent se trouver dans le cas d'avoir à remplacer eux-mêmes les glaces cassées, il n'est pas inutile d'entrer ici dans quelques détails à ce sujet.

Les glaces se taillent au moyen d'un diamant qui ne diffère de celui des vitriers que par un peu plus de force.

Pour détacher le morceau après avoir passé le diamant, on frappe à petits coups le revers de la glace, avec le bout du manche de l'outil, en suivant la trace de l'entaille, et en commençant par une extrémité. On développe ainsi la fente, et un léger effort de bascule suffit ordinairement pour détacher la bande à enlever.

Si la section présente quelques inégalités, on les fait disparaître au moyen de la *pince à gruger le verre,* sorte de pince à longue mâchoire arrondie.

La glace ainsi taillée suivant les dimensions requises doit être rodée en coupe oblique sur ses deux côtés, et rodée d'équerre sur ses joints horizontaux.

Ce travail s'exécute en frottant le bord de la glace sur une plaque de fonte recouverte de sable siliceux qu'on arrose d'eau et qu'on renouvelle de temps en temps.

Il est très-essentiel, en mettant les glaces en place, de ménager sur leur pourtour environ 2 millimètres de jeu. Si elles portaient contre leurs encadrements, elles seraient très-exposées à éclater dans les tempêtes par l'effet des oscillations de la lanterne, et, si d'ailleurs on laissait moins de 2 millimètres d'intervalle entre les glaces superposées, le mastic ne garnirait qu'imparfaitement des joints aussi minces.

On emploie, pour la pose des vitrages en glaces, de petites cales en plomb.

Lorsqu'il s'agit d'une réparation à faire dans un encadrement dont le vitrage se divise en plusieurs pièces superposées, il faut, pour remplacer une glace inférieure ou intermédiaire, enlever toutes les glaces supérieures appartenant à ce même encadrement.

Pour garnir le joint de deux glaces, on recouvre d'une couche de mastic de 5 à 6 millimètres d'épaisseur le bord inférieur; on y place deux petites cales en plomb pliées en chevalet, puis on pose la glace supérieure qui, par son poids, fait refluer le mastic excédant l'épaisseur des cales. Elles sont ensuite recoupées à fleur du panneau.

Le masticage du contour des encadrements doit affleurer le bord des tringles.

En replaçant les tringles extérieures, on devra observer de mettre un peu de mastic sous la tête de chacune des vis qui servent à les maintenir.

CHAPITRE V.

USTENSILES, OUTILS ET OBJETS DIVERS RELATIFS AU SERVICE DE L'ÉCLAIRAGE.

Ferblanterie.

Pompe à soutirer l'huile.

87. On emploie cette pompe pour transvaser l'huile des barriques dans les jarres, et des jarres dans les seaux.

Filtre à huile.

88. L'huile des lampes employées à l'éclairage des phares doit toujours avoir été filtrée la veille par les gardiens.

L'appareil destiné à cet usage est formé de deux parties :

La partie supérieure est le filtre proprement dit; la seconde est un réservoir destiné à recevoir l'huile filtrée ; il est muni d'un robinet.

Le filtre consiste en une plaque de fer-blanc percée de trous, sur laquelle on place un morceau de drap et une couche de sable fin de deux à trois centimètres d'épaisseur.

Il faut placer cet appareil sur un pied ou petite table en bois d'une hauteur telle, qu'un seau à huile puisse passer sous le robinet.

Seaux en cuivre.

89. Les seaux en cuivre sont exclusivement destinés au transport de l'huile dans l'intérieur du phare.

Lanterne d'allumeur.

90. La lanterne d'allumeur renferme, outre une lampe fixe, deux petites lampes à main, appelées *lucernes*, dont on se sert pour l'allumage des phares.

Au milieu de la lucerne est un bouton à vis en cuivre, qu'on retire pour introduire l'huile et la mèche. Près de l'anneau qui sert d'anse est un tube à air, sur lequel on pose le pouce, afin d'empêcher l'huile de dégorger lorsqu'on la penche en avant pour allumer les mèches de la lampe.

Chauffoir.

91. Le chauffoir des lampes mécaniques consiste en une petite lampe renfermée dans une boîte oblongue à deux tubulures.

Sur l'un des côtés de cette boîte est pratiquée, pour le passage de la lampe, une ouverture qui ferme hermétiquement au moyen d'une rondelle à vis.

Panier de service garni.

92. Le panier de service a la forme d'une boîte à anse avec couvercle en deux parties.

Il est divisé en trois compartiments.

L'un reçoit une boîte plate, où l'on dépose momentanément les chiffons gras et les rognures de mèches; sous cette boîte se placent des chiffons propres pour essuyer les cheminées de cristal.

Le deuxième doit renfermer les objets suivants :

1° Un *grattoir triangulaire* pour enlever l'huile cuite attachée aux bords du bec ;

2° Un *goupillon en crin* pour nettoyer les courants d'air du bec de la lampe de service;

3° Une paire de *ciseaux courbes* pour moucher les mèches de cette lampe ;

Enfin, le troisième compartiment est destiné à recevoir :

1° Une paire de *ciseaux droits* pour couper de longueur les mèches neuves dont on doit garnir le bec ;

2° Un *calibre* qui détermine cette longueur ;

3° Les mandrins destinés à la pose des mèches. Ils sont de forme conique, excepté une partie à leur base, qui est cylindrique et un peu en retraite pour recevoir le porte-mèche.

Égouttoir.

93. L'égouttoir est un vase de forme carrée, plat et à double fond. Le fond supérieur est mobile et percé de trous ; l'autre porte un petit tuyau pour l'écoulement du liquide.

Il sert à égoutter le bec lorsqu'il vient d'être retiré de la lampe de service, les burettes, la mesure à huile, etc.

Mesure de 250 grammes.

94. La mesure de 250 grammes sert à déterminer la quantité d'huile qui est déversée par le

bec, suivant les indications données à l'article 24, afin de régler le débit conformément aux prescriptions de l'article 26.

95. Ces burettes, de la contenance d'environ un kilogramme d'huile, servent à alimenter les petites lampes et les lanternes. *Burettes à huile.*

96. Le rouge à polir doit être soigneusement conservé à l'abri de la poussière. Il est, à cet effet renfermé dans une double boîte. Par-dessus la plus petite se place la peau de chamois destinée à frotter les pièces enduites de rouge à polir. *Boîte à rouge.*

97. Le gardien de quart doit toujours s'assurer que cette lanterne est déposée dans la chambre de service et prête à être allumée. C'est elle qu'il faudrait suspendre dans l'intérieur de l'appareil, s'il fallait éteindre la lampe de service, soit pour la changer, soit pour moucher. *Lanterne ordinaire à lampe.*

98. Ces lampes sont destinées à l'usage particulier des gardiens. *Lampes à pompe ou à triangle.*

Instruments et outils.

99. Deux jauges, divisées en centimètres et millimètres, sur 0^{m}30 de longueur, servent à mesurer la hauteur d'huile contenue dans le réservoir de la lampe de service et, par suite, à déterminer le poids de cette huile au moyen du tableau de jaugeage de la lampe. *Jauges à huile.*

100. Les verrins, au nombre de trois, en fer ou en bronze, sont spécialement destinés à soulever au besoin l'armature mobile des phares à feu changeant. *Verrins.*

Chaque verrin est formé par une tige ou boulon, dont les extrémités, filetées en sens inverse, se vissent dans deux petites plaques mobiles. La tige est renflée en son milieu et percée de trous dans lesquels on passe une broche pour la manœuvrer.

101. Tous les phares sont munis d'un petit niveau à bulle d'air qui est destiné à vérifier le niveau de la couronne du bec de la lampe de service. Un autre niveau, plus grand, est déposé dans les phares à feu changeant, pour vérifier l'horizontalité de la surface sur laquelle roule le chariot à galets et celle de la roue de communication de mouvement de la machine de rotation. *Niveaux à bulle d'air.*

102. Le moule à façonner les valvules consiste en deux morceaux de fonte formant une espèce de matrice au moyen de laquelle on donne aux valvules des pompes alimentaires la forme la plus convenable au jeu de ces pompes. *Moule à valvules.*

103. C'est un instrument en acier, disposé pour fabriquer les clapets en cuir que l'on emploie dans les corps de pompes des lampes mécaniques. *Emporte-pièce à clapets.*

104. Une paire de ciseaux droits et deux paires de ciseaux courbes font partie de l'approvisionnement de chaque phare. (Voir, pour leur destination, l'article 92.) *Ciseaux droits et ciseaux courbes.*

105. Ils sont destinés au nettoyage des becs de lampes, ainsi qu'il a été dit plus haut. *Grattoirs triangulaires.*

106. Cette pince peut être nécessaire lorsqu'il s'agit de remplacer une des glaces de la lanterne. Pour réduire d'une petite quantité les dimensions d'une glace, on place la pince de manière que ses becs puissent saisir le bord de cette glace, tout en faisant avec lui un angle très-aigu. *Pince à gruger, ou pince de miroitier.*

En appuyant un peu sur les branches de la pince, et en tournant la main en dehors, on fait partir de petits éclats de verre. Cette opération doit être conduite très-lentement, avec beaucoup de précaution, et en ayant soin de n'enlever qu'une très-petite quantité de matière à la fois.

107. Cette clef est en acier poli et doit servir exclusivement au montage et au démontage de la machine de rotation. *Clef de la machine de rotation.*

108. Tous ces outils sont indispensables, soit pour les montages et démontages des lampes mécaniques et de la machine de rotation, soit pour faire des goupilles au besoin, ainsi que de petites soudures à la coupole de la lanterne et aux ustensiles en fer-blanc, etc., etc. *Marteau, tenailles, clef anglaise, limes, étau à main, pinces plates, tourne-vis et fer à souder.*

109. Les clefs et tourne-vis qui ont servi à l'installation de la lanterne, de l'appareil d'éclairage, de la galerie de service et de son marchepied, des escaliers en fonte et de la balustrade de *Clefs et tourne-vis qui ont servi à l'installation, vis, boulons et écrous de rechange.*

la plate-forme, ainsi que les boulons, vis et écrous de rechange, restent déposés dans le phare et doivent être conservés avec soin (1).

Brosserie.

Balais de crin.

110. Pour balayer les diverses pièces et les escaliers de l'intérieur du phare.

Tête de loup.

111. Balai de crin arrondi, monté sur un long manche, pour balayer les plafonds et la cage de l'escalier de la tour.

Plumeaux.

112. Les plumeaux en plumes de coq ne doivent servir qu'à épousseter l'appareil d'éclairage et les glaces de la lanterne.

Il faut toujours épousseter les pièces optiques de l'appareil avant de les essuyer. (Article 76.)

Brosses de boulanger.

113. Ces brosses, à manche et à longs crins, servent pour balayer la table de l'armature, la galerie de service et son marchepied.

Brosses à argenterie.

114. Ces brosses sont aussi à manche, mais plus petites et à crins plus courts que les précédentes. Elles servent au nettoiement des lampes et ustensiles, pour enlever le blanc d'Espagne ou le tripoli dont il serait difficile, sans leur secours, de débarrasser les cavités et quelques angles rentrants.

Pinceaux.

115. Ils sont destinés à la peinture des fers de la lanterne et de l'appareil d'éclairage, et l'un d'eux doit être réservé pour étendre le rouge sur les surfaces des pièces optiques et des glaces de la lanterne.

Goupillons.

116. Les goupillons sont en crin monté sur une tige en fil de fer. (Voir, pour leur usage, l'art. 92.)

Objets divers.

Peau de veau.

117. Une peau de veau pour faire des valvules et des clapets.

Peaux de chamois.

118. Deux peaux de chamois, dont l'unique usage est de servir à frotter les pièces enduites de rouge à polir et les réflecteurs.

Huile d'horloger.

119. Cette huile est exclusivement destinée à graisser les mécanismes des lampes et de la machine de rotation, et à délayer le tripoli à employer au nettoiement des pièces en acier de ces mécanismes.

Esprit de vin.

120. On se sert de l'esprit de vin :

1° Pour laver les pièces optiques de l'appareil, et enlever les corps gras et les taches qui résisteraient à un simple frottement, tant sur ces pièces que sur les glaces de la lanterne ;

2° Pour délayer le tripoli à employer au nettoiement des ustensiles et pièces en cuivre des mécanismes des lampes et de la machine de rotation.

Rouge à polir.

121. Le rouge à polir est spécialement employé dans l'opération prescrite une fois au moins chaque année, et qui a pour objet d'entretenir le poli des pièces en verre de l'appareil et des glaces de la lanterne.

(A cet effet, il doit être préparé avec le plus grand soin, de la manière indiquée article 79.)

Blanc d'Espagne.

122. Le blanc d'Espagne, préparé de la même manière et avec le même soin que le rouge à polir, sert à l'opération prescrite tous les deux mois (art. 82) pour entretenir le poli des réflecteurs plaqués d'argent.

Délayé dans l'huile, on l'emploie au nettoiement des ustensiles en fer-blanc.

Il entre aussi dans la composition du mastic du vitrage de la lanterne.

Tripoli.

123. Le tripoli est employé de la même manière et pour les nettoiements indiqués aux articles 119 et 120.

Huile de lin, huile cuite et blanc de céruse en poudre.

124. Les approvisionnements ordinaires de ces substances sont destinés, en y ajoutant du blanc d'Espagne, à la composition du mastic nécessaire à l'entretien du masticage de la lanterne (article 85.)

(1) D'autres outils fournis pour les besoins de l'installation des lanternes et des appareils d'éclairage, peuvent encore exister dans les phares et être portés sur leurs inventaires ; mais ils ne sont pas indispensables et ne doivent pas être renouvelés.

TARIF

APPAREILS DE PREMIER ORDRE.

Diamètre intérieur de l'appareil . . . . $1^m,84$

Diamètre intérieur de la lanterne, mesuré entre deux montants opposés . . . . $3^m,50$

Diamètre intérieur de la murette . . . . $3^m,20$

Diamètre extérieur de la murette . . . . $4^m,10$

Hauteur de la murette . . . . $2^m,20$

Diamètre extérieur minimum de la corniche, dans le cas d'une balustrade en fonte . . $6^m,00$

Poids approximatif :

        D'un appareil . . . . 5,800 kil. ⎫
                                                 9,000 kilogrammes.
        De sa lanterne . . . . 3,200 kil. ⎭

Consommation d'huile par heure . . . . 750 grammes.

PREMIER ORDRE.

Feu fixe éclairant tout l'horizon ou 360 degrés.

PARTIE OPTIQUE.

8. Panneaux catadioptriques supérieurs	1,500	12,000	
8. Panneaux dioptriques centraux	1,400	11,200	31,075 fr.
7. Panneaux catadioptriques inférieurs	1,125	7,875	

PARTIE MÉCANIQUE.

1. Armature	4,000	6,100
(1) 3. Lampes mécaniques et leurs accessoires	2,100	

(2) FOURNITURES ACCESSOIRES ET APPROVISIONNEMENTS 1,200

(3) LANTERNE 21,500

(4) EMBALLAGE :

De l'appareil	700	1,300
De la lanterne	600	

Total . . . . **61,175** fr.

	Appareil.	Lanterne.
Nombre des caisses	34	25
Poids des caisses	6,800 k	7,500 k
Cube des caisses	27ᵐ,50	14ᵐ,00

(1) ACCESSOIRES DES LAMPES MÉCANIQUES. Trois becs de rechange, un presse-valvule pour emboutir les cuirs des pistons ; un emporte-pièce pour les clapets ; douze valvules de rechange, trois volants et un assortiment de vis de rechange ; un bouchon pour centrer les becs ; un poids, sa tige et sept rondelles du poids total de 40 kilog. ; une poulie à crochet, deux manivelles, une corde de rechange ; un réveil à carillon, pourvu d'un timbre de rechange et de ses deux poids.

(2) FOURNITURES ACCESSOIRES ET APPROVISIONNEMENTS.

Approvisionnements. Cent cheminées de cristal, vingt-cinq cheminées pour lampe à tringle, 20 mètres de mèche de chaque numéro, quatre grosses de mèches pour lampe à tringle, quatre paquets de mèches pour lucerne ; deux pièces de peau de veau à clapets, quatre pièces de peau de veau à valvules, trois peaux chamoisées, cinq kilogrammes de rouge à polir, cinq kilogrammes de blanc d'Espagne, deux litres d'esprit-de-vin, quatre fioles d'huile d'horloger.

Ferblanterie. Un filtre à huile, deux seaux en cuivre, un seau en zinc, deux burettes à huile, une pompe en cuivre pour soutirer l'huile, un chauffoir avec sa clef, une boîte de service complète, une boîte à mèches, une boîte double pour le rouge à polir, deux boîtes pour le blanc d'Espagne, deux mesures de 250 grammes, un égouttoir, quatre calibres pour poser et couper les mèches, deux lampes à tringle, une lanterne ordinaire, deux lanternes d'allumeur à deux lucernes.

Outils. Une lime d'Allemagne, deux limes plates bâtardes, deux limes demi-douces, deux limes douces, deux

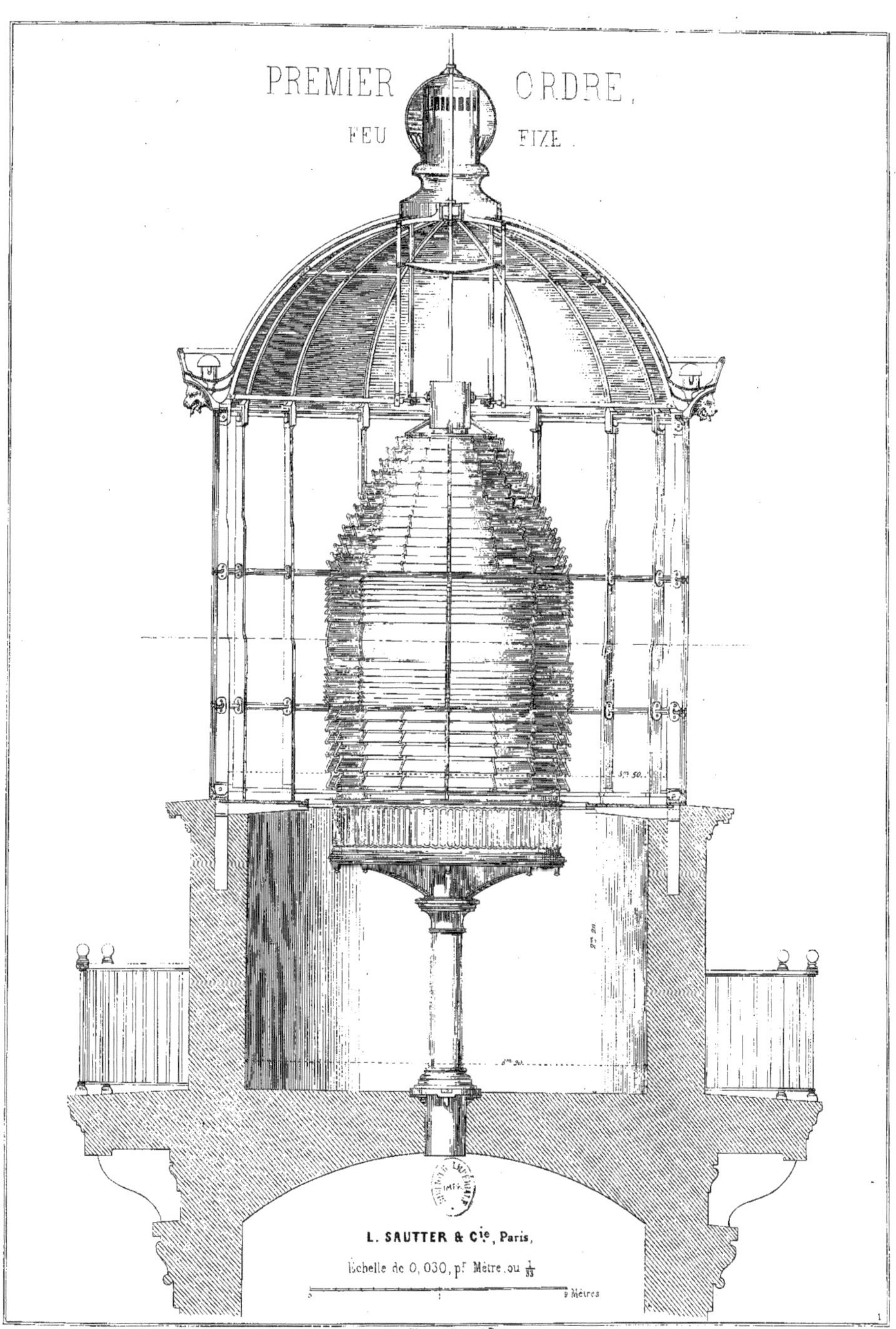

PREMIER ORDRE.
FEU FIXE.
L. SAUTTER & Cⁱᵉ, Paris,
Echelle de 0,030, pʳ Mètre ou 1/33
Imp. Thierry frères à Paris

limes demi-rondes, deux queues de rat, deux limes triangulaires, quatre limes d'horloger, deux ciseaux à bois, deux ciseaux à froid, deux paires de pinces plates, une paire de pinces coupantes, une paire de pinces à gruger, une paire de tenailles, une clef anglaise, un étau à griffes, deux étaux à main, trois marteaux emmanchés, trois tournevis assortis, une conscience avec assortiment de forets, un archet-fleuret, six mètres de corde métallique, un fil à plomb à toupie, dix-sept manches pour les limes, cinquante feuilles de papier émeri, quatre paires de ciseaux courbes, deux paires de ciseaux droits, deux niveaux à bulle d'air droits, un niveau à bulle d'air circulaire, un mètre pliant, un double décimètre, une pierre à repasser, un fer à souder.

Brosserie. Deux grands plumeaux, deux petits plumeaux, deux brosses de boulanger, six brosses d'horloger, douze goupillons queue de rat, deux éponges, six pinceaux assortis, trois goupillons pour nettoyer les cheminées.

Objets divers. Quatre rideaux en coutil, une échelle et son marchepied, une boîte en chêne à compartiments pour les outils, une pour les accessoires des lampes, une pour les fournitures et approvisionnements.

(3) LANTERNE.

La lanterne se compose de seize montants en fer forgé, recouverts à l'extérieur de nervures de bronze, reliés par des entretoises en bronze, et supportant une coupole en cuivre rouge par l'intermédiaire d'arcs, d'entretoises et de tirants en fer forgé. Elle est pourvue d'un paratonnerre en cuivre rouge, à pointe de platine; d'un câble de laiton ayant, à moins d'indication spéciale, 50 mètres de longueur ; de stores intérieurs; de têtes de lion formant gargouilles. Elle est vitrée de glaces de 7 à 8 millimètres d'épaisseur; dans l'intérieur se trouve une galerie de service en fonte, portée sur des corbeaux en fer mortaisés dans les montants, et une échelle de service en fonte pour y monter.

Le prix de 21,500 fr. ne comprend pas *la balustrade extérieure*, en fer et en fonte, qui est indiquée sur le dessin, et dont le prix, emballage compris, est de 1,200 fr.

Elle est emballée en quatre caisses, pesant environ. . 1,100 kil.

Et cubant . . . . 1 m,65.

Pour les lanternes à murette métallique, voir page .

(4) EMBALLAGE. L'emballage est fait avec beaucoup de soin, comme il convient pour un voyage au delà des mers. Toutes les caisses de verre ou autres objets fragiles sont en contre-caisse. Tous les objets craignant l'humidité sont mis en gras.

PREMIER ORDRE.

Feu fixe éclairant 7/8ᵉˢ d'horizon ou 315 degrés.

PARTIE OPTIQUE.

7 Panneaux catadioptriques supérieurs.	1,500	10,500	
7 Panneaux dioptriques centraux.	1,400	9,800	28,175 fr.
7 Panneaux catadioptriques inférieurs.	1,125	7,875	

PARTIE MÉCANIQUE.

1 Armature.		4,000	
(1) Lampes à réservoir supérieur.		850	4,850

(2) FOURNITURES ACCESSOIRES ET APPROVISIONNEMENTS 1,160

(3) LANTERNE 21,500

(4) EMBALLAGE.

De l'appareil	680	
De la lanterne.	600	1,280

Total. . . . . **56,965** fr.

Prix du même appareil avec lampes mécaniques. **58,255**

	Appareil.	Lanterne.
Nombre de caisses.	33	25
Poids des caisses.	6,500 ᵏ	7,500 ᵏ
Cube des caisses	26ᵐ 00	14ᵐ 00

(1) Ces lampes se composent de deux réservoirs supérieurs, dont un de rechange, qui se placent dans l'angle obscur de l'appareil ; de deux tubes conducteurs pourvus de robinets, et servant à conduire l'huile au bec ; de deux seaux pourvus de régulateurs pour porter le bec et recevoir l'huile excédante ; de six becs ; d'un réveil à carillon, avec son timbre de rechange, ses deux poids et sa corde ; d'un bouchon pour centrer les becs.

On peut, si on le préfère, employer les *lampes mécaniques;* dans ce cas, le prix des lampes sera de 2,100 fr. ; celui des accessoires, de 1,200 fr.

(2) (Voir la note page 2.)

Quand les lampes mécaniques sont remplacées par des lampes à réservoir supérieur et à écoulement constant, les accessoires suivants peuvent être supprimés :

Quatre fioles d'huile d'horloger, deux pièces de peau de veau à clapets, quatre pièces de peau de veau à valvules.

Le prix total se trouve ainsi réduit à 1,160 fr.

(3) (4) (Voir les notes page 3).

Dans les phares n'éclairant pas tout l'horizon, le poids des caisses se trouve réduit d'environ 300 kil., et leur cube d'environ 1ᵐ,50, par chaque huitième d'horizon non éclairé.

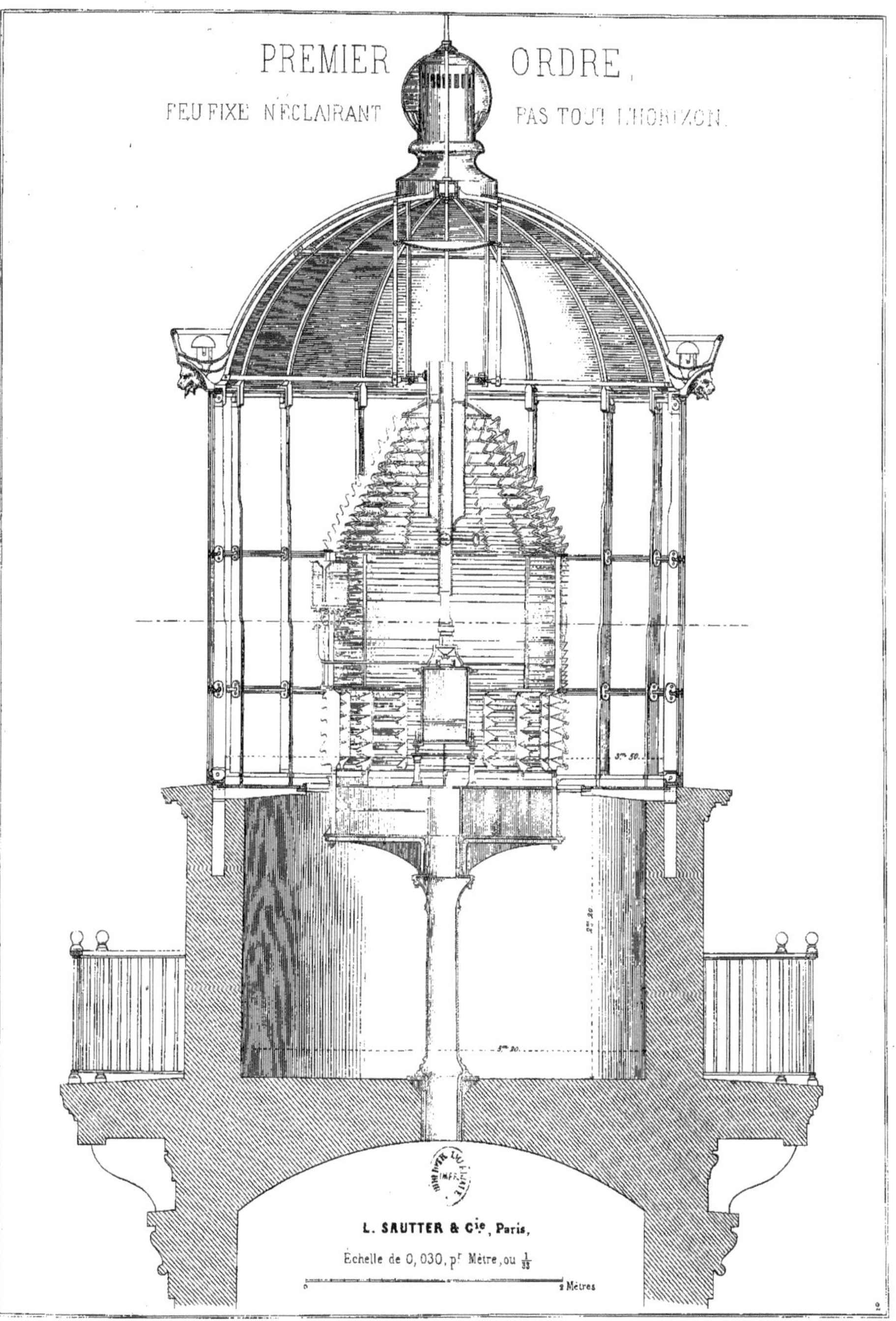

PREMIER ORDRE,
FEU FIXE N'ÉCLAIRANT PAS TOUT L'HORIZON.
L. SAUTTER & Cie, Paris,
Échelle de 0,030, p.r Mètre, ou 1/33
2 Mètres
Imp: Thierry Frères, à Paris

Feu fixe éclairant 3/4 d'horizon ou 270 degrés.

Avec lampes à réservoir supérieur . . . .   **53,720** fr.

Avec lampes mécaniques . . . .   **55,010** fr.

Feu fixe éclairant 5/8ᵉˢ d'horizon ou 225 degrés.

Avec lampes à réservoir supérieur . . . .   **50,075** fr.

Avec lampes mécaniques . . . .   **51,365** fr.

Feu fixe éclairant 1/2 d'horizon ou 180 degrés.

Avec lampes à réservoir supérieur . . . .   **46,430** fr.

Avec lampes mécaniques . . . .   **47,720** fr.

NOTA. Les appareils n'éclairant pas tout l'horizon ne diffèrent des appareils de même nature éclairant tout l'horizon que par le remplacement facultatif de la lampe mécanique par la lampe à réservoir supérieur, la suppression d'un ou de plusieurs panneaux optiques, et l'addition d'un ou plusieurs réflecteurs en plaqués d'argent.

PREMIER ORDRE.

Éclats de minute en minute, feu fixe en haut et en bas, éclairant tout l'horizon.

UNE RÉVOLUTION COMPLÈTE EN HUIT MINUTES.

PÉRIODES D'UNE MINUTE PRÉSENTANT SUCCESSIVEMENT

UN ÉCLAT. . . . . . . : *Durée.* . . . . .   8 *secondes.*

                                Intensité maximum 4050 *becs carcel.*

UNE ÉCLIPSE PARTIELLE : *Durée.* . . . . .   52 *secondes.*

                                Intensité . . . . . 150 *becs carcel.*

PARTIE OPTIQUE.

8 Panneaux catadioptriques supérieurs	1,500	12,000	
8 Lentilles annulaires mobiles	1,450	11,600	31,475 fr.
7 Panneaux catadioptriques inférieurs	1,125	7,875	

PARTIE MÉCANIQUE.

(1) 1 Armature.	5,600	
(2) 3 Lampes mécaniques et leurs accessoires	2,100	10,900
(3) 1 Machine de rotation et ses accessoires.	3,200	

(4) FOURNITURES ACCESSOIRES ET APPROVISIONNEMENTS 1,200

(5) LANTERNE 21,500

(6) EMBALLAGE :

De l'appareil	800	
De la lanterne	600	1,400

            Total . . . . **66,475** fr.

	Appareil.	Lanterne.
Nombre des caisses	33	25
Poids des caisses	8,600 k	7,500 k
Cube des caisses	31ᵐ 50	14ᵐ 00

(1) ARMATURE. La partie mobile de l'appareil porte sur des galets en bronze dur, roulant entre deux cercles en acier fondu. Aux clefs et accessoires nécessaires au montage de l'appareil sont joints trois verrins en bronze, servant à le soulever lorsque le chariot a besoin d'être visité et nettoyé. Leur prix est compris dans celui de l'armature.

(2) (Voir la note page 2.)

(3) ACCESSOIRES DE LA MACHINE DE ROTATION. Une manivelle ; un tambour de renvoi ; deux poulies à crochet ; un anneau à scellement ; un poids, sa tige et sept rondelles du poids de 200 kilog. ; un volant de rechange ; deux clefs pour le montage ; un assortiment de vis de rechange.

(4) (5) (6) (Voir les notes pages 2 et 3.)

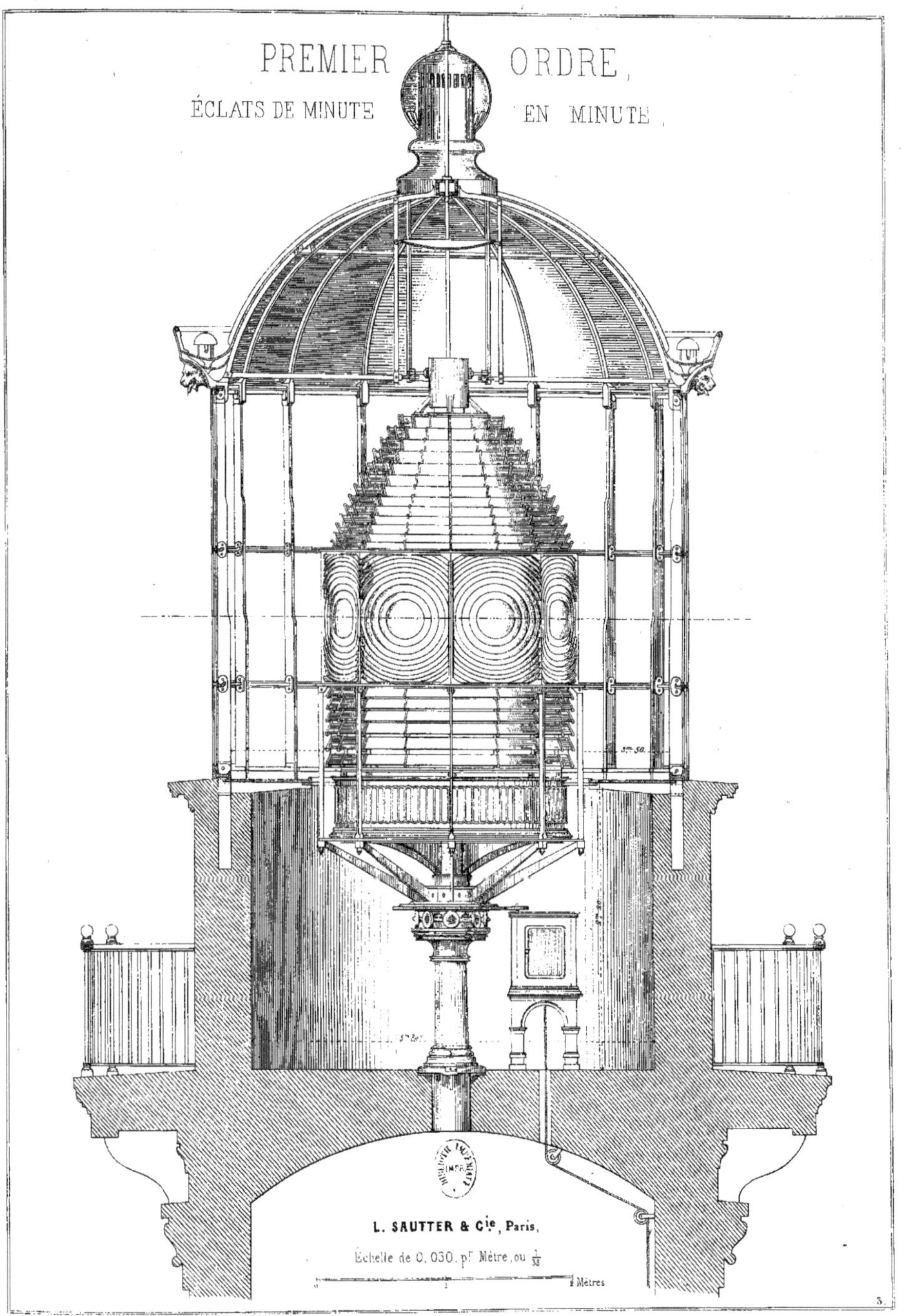

PREMIER ORDRE,
ÉCLATS DE MINUTE EN MINUTE,
L. SAUTTER & Cie, Paris,
Echelle de 0, 030, pr Mètre, ou 1/33
Mètres
Imp. Thierry Frères, à Paris

Le même, éclairant 7/8ᵉ d'horizon, ou 315 degrés.

Avec lampes à réservoir supérieur . . . . **63,665** fr.

Avec lampes mécaniques . . . . **64,955** fr.

Le même, éclairant 3/4 d'horizon, ou 270 degrés.

Avec lampes à réservoir supérieur . . . . **61,020** fr.

Avec lampes mécaniques . . . . **62,310** fr.

Le même, éclairant 5/8ᵉ d'horizon, ou 225 degrés.

Avec lampes à réservoir supérieur. . . . . **58,375** fr.

Avec lampes mécaniques . . . . **59,665** fr.

Le même, éclairant 1/2 d'horizon, ou 180 degrés.

Avec lampes à réservoir supérieur . . . . **55,730** fr.

Avec lampes mécaniques . . . . **57,020** fr.

NOTA. Les appareils n'éclairant pas tout l'horizon ne diffèrent des autres que par le remplacement facultatif de la lampe mécanique par la lampe à réservoir supérieur et la suppression d'un ou de plusieurs panneaux catadioptriques de feu fixe.

Le même, avec éclats rouges.

Ajouter aux prix précédents :

8 Cadres mobiles en bronze, pour glaces rouges. . .	35	280	} 640 fr.
12 Glaces rouges à l'argent, dont 8 de rechange. . .	30	360	
Emballage du tout en deux caisses			40
Pesant environ. . .	200 kilogr.		
Cubant environ. . . .	1 m. c.		
Total.			**680** fr.

PREMIER ORDRE.

Éclats de 30 secondes en 30 secondes, feu fixé en haut et en bas, éclairant tout l'horizon.

UNE RÉVOLUTION COMPLÈTE EN HUIT MINUTES.

PÉRIODES DE TRENTE SECONDES, PRÉSENTANT SUCCESSIVEMENT

UN ÉCLAT. . . . . . . : *Durée.* . . . . . 8 *secondes.*

Intensité maximum 2350 *becs carcel.*

UNE ÉCLIPSE PARTIELLE : *Durée.* . . . . . 22 *secondes.*

Intensité. . . . . 150 *becs carcel.*

PARTIE OPTIQUE.

8 Panneaux catadioptriques supérieurs	1,500	12,000	
16 Lentilles annulaires mobiles.	700	11,200	31,075 fr.
7 Panneaux catadioptriques inférieurs	1,125	7,875	

PARTIE MÉCANIQUE.

(1) 1 Armature.	5,600	
(2) 3 Lampes mécaniques et leurs accessoires	2,100	10,900
(3) 1 Machine de rotation et ses accessoires	3,200	

(4) FOURNITURES ACCESSOIRES ET APPROVISIONNEMENTS. 1,200

(5) LANTERNE 21,500

(6) EMBALLAGE :

De l'appareil.	800	
De la lanterne.	600	1,400

Total . . . . **66,075** fr.

	Appareil.	Lanterne.
Nombre des caisses	33	25
Poids des caisses	8,500 k	7,500 k
Cube des caisses	31ᵐ 00	14ᵐ 00

(1) (2) (3) (4) (5) (6) (Voir les notes page 6.)

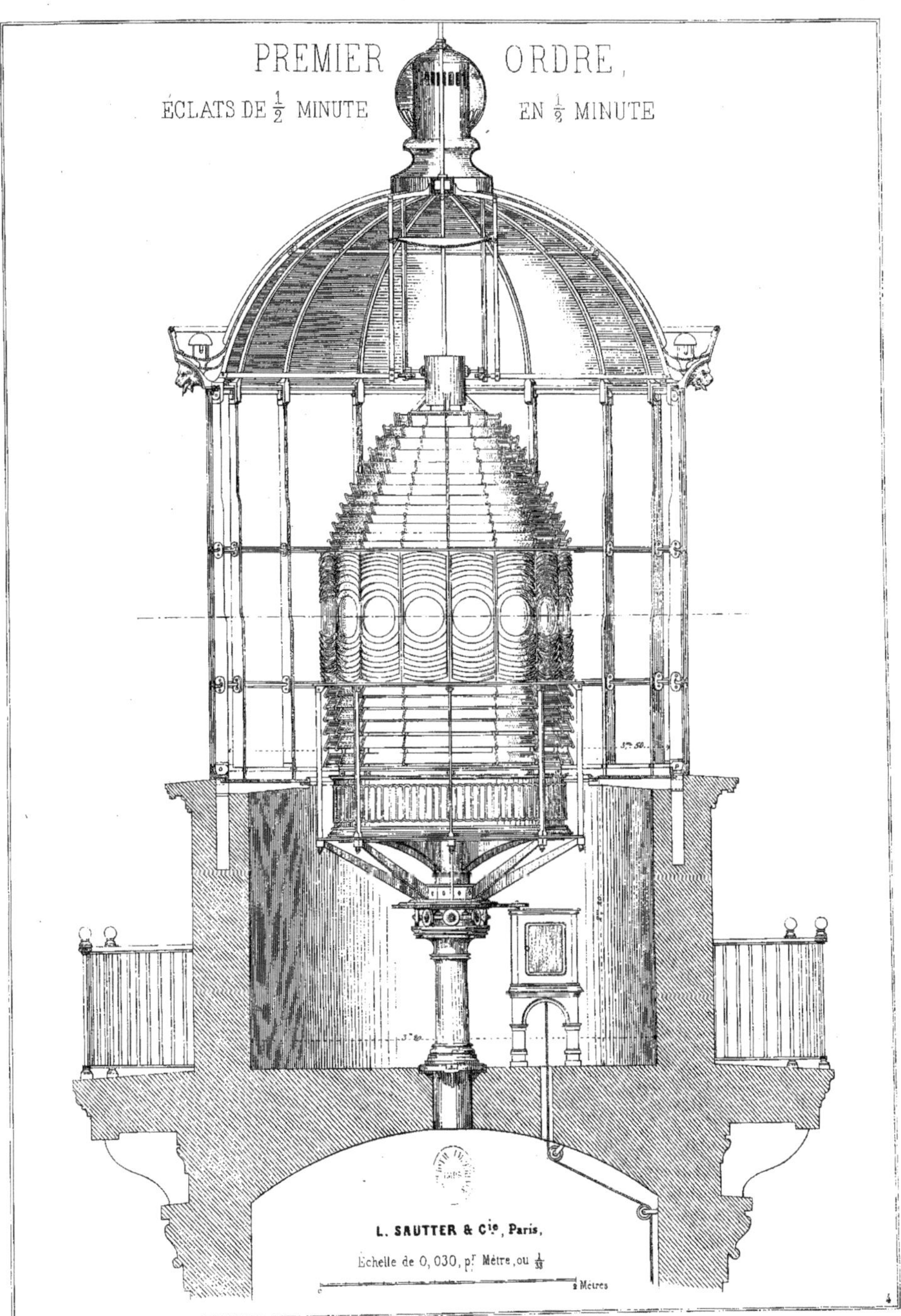

PREMIER ORDRE,
ÉCLATS DE ½ MINUTE EN ½ MINUTE
L. SAUTTER & Cie, Paris,
Échelle de 0,030, pr Mètre, ou 1/33
2 Mètres
Imp: Thierry Frères, à Paris

Le même, éclairant 7/8es d'horizon, ou 315 degrés.

Avec lampes à réservoir supérieur . . . . **63,265** fr.

Avec lampes mécaniques . . . . **64,555** fr.

Le même, éclairant 3/4 d'horizon, ou 270 degrés.

Avec lampes à réservoir supérieur . . . . **60,620** fr.

Avec lampes mécaniques . . . . **61,910** fr.

Le même, éclairant 5/8es d'horizon, ou 225 degrés.

Avec lampes à réservoir supérieur . . . . **57,975** fr.

Avec lampes mécaniques . . . . **59,265** fr.

Le même, éclairant 1/2 d'horizon, ou 180 degrés.

Avec lampes à réservoir supérieur . . . . **55,330** fr.

Avec lampes mécaniques . . . . **56,620** fr.

NOTA. Les appareils n'éclairant pas tout l'horizon ne diffèrent des autres que par le remplacement facultatif de la lampe mécanique par la lampe à réservoir supérieur, et la suppression d'un ou de plusieurs panneaux catadioptriques de feu fixe.

Le même, avec éclats rouges.

Ajouter aux prix précédents :

16 Cadres mobiles en bronze pour glaces rouges. . .	30	480)	
24 Glaces rouges à l'argent, dont 8 de rechange. . .	20	480)	960 fr.

Emballage du tout en trois caisses :

Pesant environ.	300 k	
Cubant environ.	1^m 50	50

Total . . . . **1,010** fr.

PREMIER ORDRE.

Feu fixe varié par des éclats de 3 en 3 minutes éclairant tout l'horizon.

UNE RÉVOLUTION COMPLÈTE EN NEUF MINUTES.

PÉRIODES DE TROIS MINUTES PRÉSENTANT SUCCESSIVEMENT

UN FEU FIXE. . . . . . . : *Durée.*	135 *secondes.*	
	Intensité.	600 *becs carcel.*
UNE ÉCLIPSE PARTIELLE . : *Durée.*	18 *secondes.*	
	Intensité.	150 *becs carcel.*
UN ÉCLAT . . . . : *Durée.*	9 *secondes.*	
	Intensité maximum	3,200 *becs carcel.*
UNE ÉCLIPSE PARTIELLE. . : *Durée.*	18 *secondes.*	
	Intensité.	150 *becs carcel.*

PARTIE OPTIQUE.

8 Panneaux catadioptriques supérieurs.	1,500	12,000	
6 Panneaux dioptriques centraux pour feu fixe	1,400	8,400	
3 Lentilles annulaires mobiles occupant 1/12ᵉ de circonférence.	1,100	3,300	31,575 fr.
7 Panneaux catadioptriques inférieurs	1,125	7,875	

PARTIE MÉCANIQUE.

(1) 1 Armature.	5,600	
(2) 3 Lampes mécaniques et leurs accessoires	2,100	10,900
(3) 1 Machine de rotation et ses accessoires	3,200	

(4) FOURNITURES ACCESSOIRES ET APPROVISIONNEMENTS.	1,200
(5) LANTERNE	21,500

(6) EMBALLAGE :

De l'appareil	800	
De la lanterne	600	1,400

Total. . . . . **66,575 fr.**

	Appareil.	Lanterne.
Nombre des caisses	33	25
Poids des caisses.	8,500 ᵏ	7,500 ᵏ
Cube des caisses.	31ᵐ 00	14ᵐ 00

(1) (2) (3) (4) (5) (6) (Voir les notes page 6.)

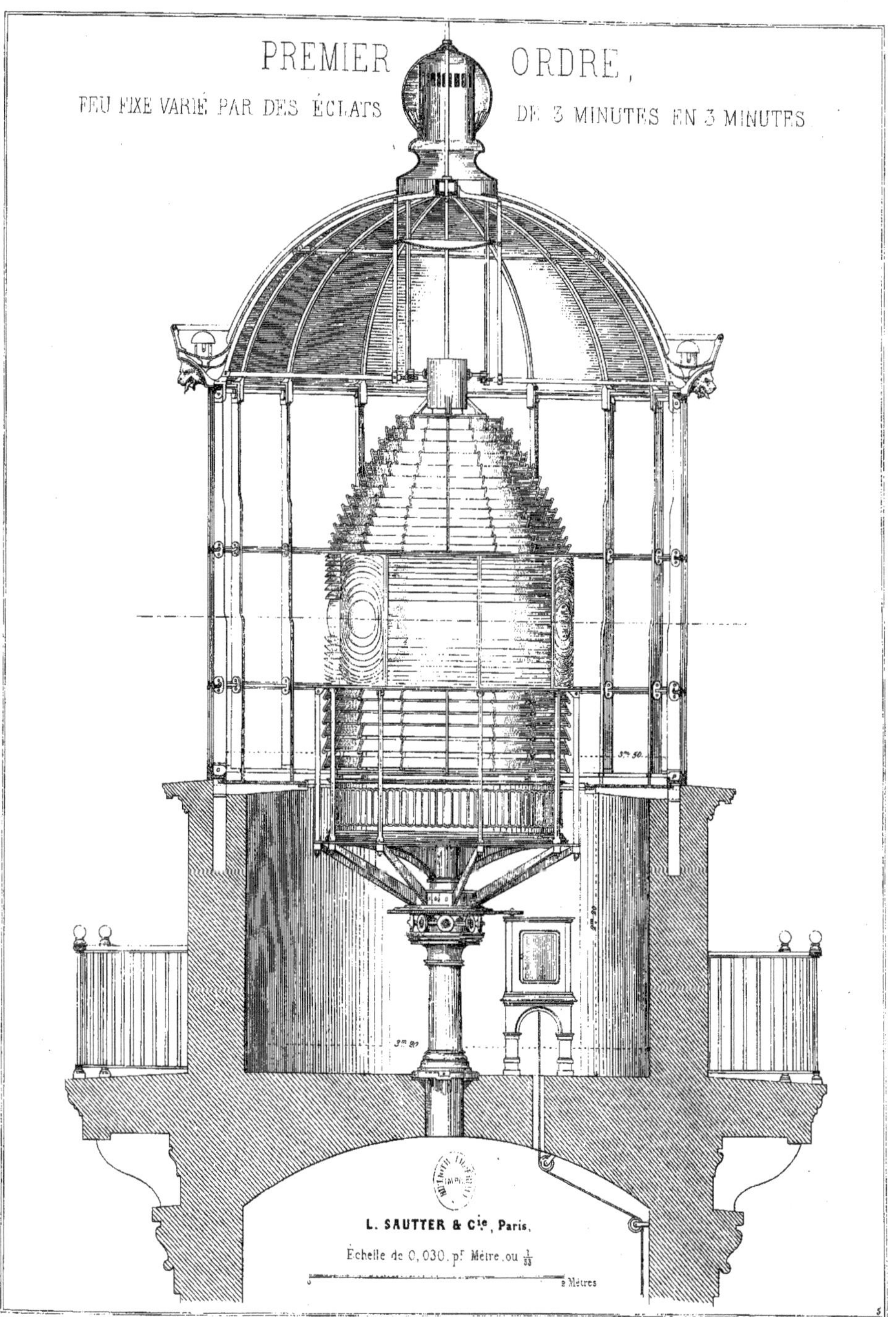

PREMIER ORDRE,
FEU FIXE VARIÉ PAR DES ÉCLATS DE 3 MINUTES EN 3 MINUTES
L. SAUTTER & Cie, Paris,
Échelle de 0,030 pr Mètre, ou 1/33
2 Mètres
Imp: Thierry Freres, à Paris

Le même, éclairant 7/8ᵉˢ d'horizon, ou 315 degrés.

Avec lampes à réservoir supérieur . . . .   **63,765** fr.

Avec lampes mécaniques . . . .   **65,055** fr.

Le même, éclairant 3/4 d'horizon, ou 270 degrés.

Avec lampes à réservoir supérieur . . . . : . . . . .   **61,120** fr.

Avec lampes mécaniques . . . .   **62,410** fr.

Le même, éclairant 5/8ᵉˢ d'horizon, ou 225 degrés.

Avec lampes à réservoir supérieur . . . .   **58,475** fr.

Avec lampes mécaniques . . . .   **59,765** fr.

Le même, éclairant 1/2 d'horizon, ou 180 degrés.

Avec lampes à réservoir supérieur . . . .   **55,830** fr.

Avec lampes mécaniques . . . .   **57,120** fr.

NOTA. Les appareils n'éclairant pas tout l'horizon ne diffèrent des autres que par le remplacement facultatif de la lampe mécanique par la lampe à réservoir supérieur, et la suppression d'un ou de plusieurs panneaux catadioptriques de feu fixe.

Le même, avec éclats rouges.

Ajouter aux prix précédents :

3 Cadres mobiles en bronze pour glaces rouges	35	105	}
6 Glaces rouges, dont 3 de rechange	25	150	} 255 fr.

Emballage du tout en deux caisses.

Pesant environ . . . . . 100ᵏ . . . . } 30 fr.
Cubant environ . . . . . 0ᵐ 50 . . . . }

Total . . . .   **285** fr.

PREMIER ORDRE.

Éclats prolongés de minute en minute, feu fixe en bas seulement, éclairant tout l'horizon.

UNE RÉVOLUTION COMPLÈTE EN HUIT MINUTES.

PÉRIODES D'UNE MINUTE PRÉSENTANT SUCCESSIVEMENT :

UN ÉCLAT. . . . . . . : *Durée.* . . . . . 16 *secondes.*

Intensité maximum 3,940 *becs carcel.*

UNE ÉCLIPSE PARTIELLE : *Durée.* . . . . 44 *secondes.*

Intensité. . . . . 40 *becs carcel.*

PARTIE OPTIQUE.

8 Panneaux catadioptriques annulaires supérieurs, formant une coupole mobile.	1,800	14,400
8 Lentilles annulaires mobiles	1,450	11,600
7 Panneaux catadioptriques inférieurs	1,125	7,875

33,875 fr.

PARTIE MÉCANIQUE.

(1) 1 Armature.	7,000
(2) 3 Lampes à piston et à poids et leurs accessoires	2,100
(3) 1 Machine de rotation et ses accessoires.	3,200

12,300

(4) FOURNITURES ACCESSOIRES ET APPROVISIONNEMENTS. 1,160

(5) LANTERNE. 21,500

6) EMBALLAGE :

De l'appareil.	800
De la lanterne	600

1,400

Total. . . . . **70,235 fr.**

	Appareil.	Lanterne.
Nombre des caisses.	33	25
Poids des caisses	9,000 k	7,500 k
Cube des caisses	32 m 00	14 m 00

(1) *L'armature* de cet appareil diffère de celle des précédents. La cage de la rotation sert de socle à l'appareil, ce qui permet d'augmenter les dimensions du chariot sans encombrer la chambre de service. Ce chariot est du reste, comme les précédents, formé de galets en bronze dur, roulant entre des plans en acier fondu.

(2) La disposition de l'armature ne permettant pas l'emploi de *lampes mécaniques*, elles sont remplacées par des *lampes à piston et à poids.*

Les accessoires de ces lampes sont : trois becs de rechange ; trois cuirs pour piston ; un réveil à carillon, pourvu d'un timbre de rechange et de ses deux poids.

(3) La *machine de rotation* diffère un peu par les dimensions de celle des appareils précédents, mais les accessoires en sont les mêmes.

(Voir pour le détail la note, page 6.)

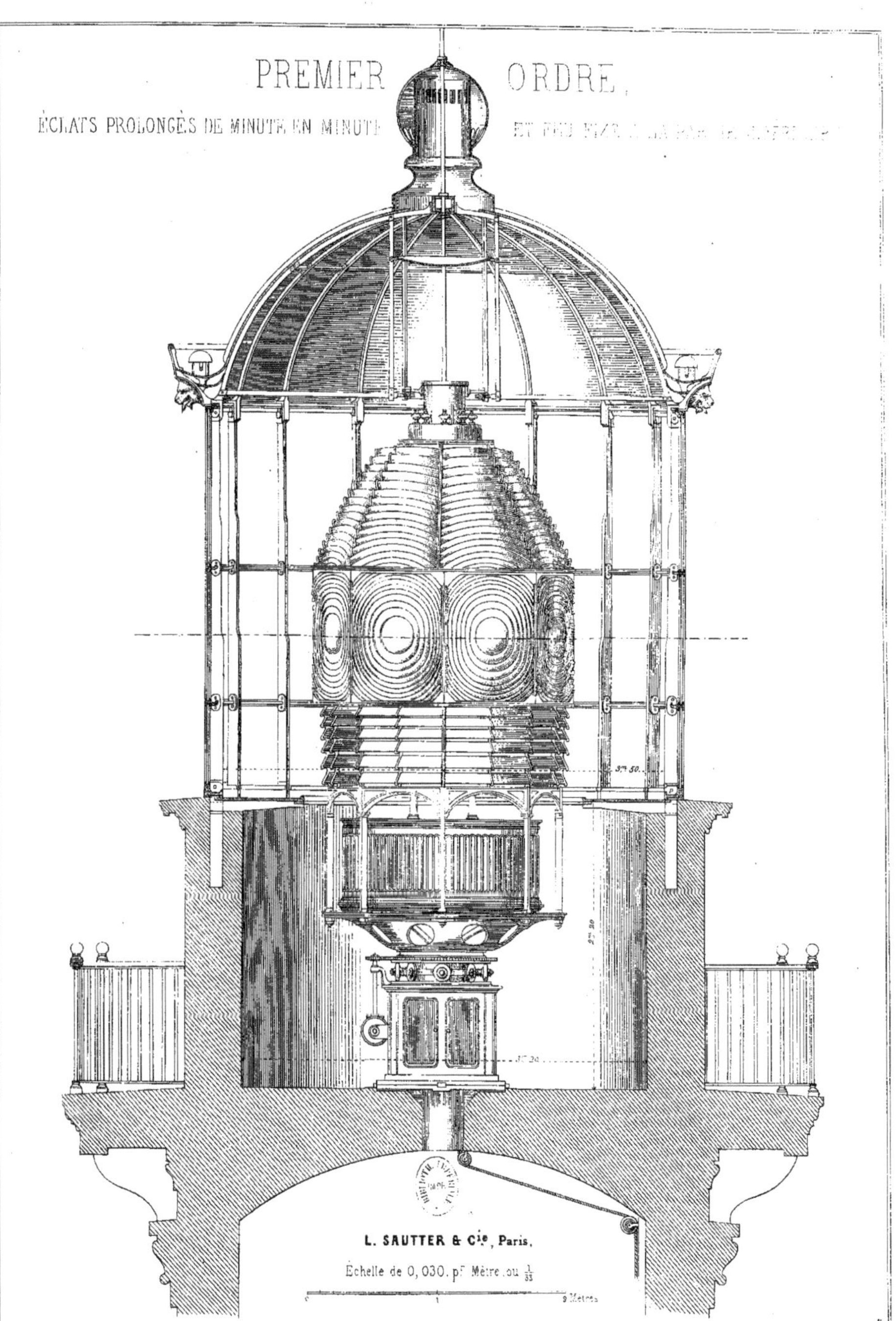

PREMIER ORDRE,
ÉCLATS PROLONGÉS DE MINUTE EN MINUTE
L. SAUTTER & Cie, Paris.
Échelle de 0,030. p.r Mètre ou 1/33
Imp. Thierry Frères, à Paris

(4) (Voir la note page 2.) La suppression des lampes mécaniques entraîne celle des accessoires suivants :

2 Pièces peau de veau à clapets.

4 Pièces peau de veau à valvules.

(5) (6) (Voir les notes page 3).

Le même, éclairant 7/8ᵉˢ d'horizon, ou 315 degrés.

Cet appareil ne diffère du précédent que parce que les lampes à piston et à poids peuvent y être remplacées par des lampes à réservoir supérieur, du prix de 850 fr., ce qui en réduit le prix de 1,250 fr.

Avec lampes à réservoir supérieur. . . . . **68,985** fr.

Avec lampes à piston et à poids. . . . . **70,235** fr.

Le même, éclairant 3/4 d'horizon, ou 270 degrés.

Avec lampes à réservoir supérieur. . . . . **67,840** fr.

Avec lampes à piston et à poids . . . . **69,090** fr.

Le même, éclairant 5/8ᵉˢ d'horizon, ou 225 degrés.

Avec lampes à réservoir supérieur . . . . **66,695** fr.

Avec lampes à piston et à poids. . . . . **67,945** fr.

Le même, éclairant 1/2 d'horizon, ou 180 degrés.

Avec lampes à réservoir supérieur. . . . . **65,550** fr.

Avec lampes à piston et à poids. . . . . **66,800** fr.

NOTA. Les appareils éclairant moins de 7/8ᵉˢ d'horizon ne diffèrent des autres que par le remplacement facultatif de la lampe à piston et à poids par la lampe à réservoir supérieur, et la suppression d'un ou de plusieurs panneaux catadioptriques de feu fixe.

PREMIER ORDRE.

Éclats prolongés de 30 secondes en 30 secondes, feu fixe en bas seulement, éclairant tout l'horizon.

UNE RÉVOLUTION COMPLÈTE EN HUIT MINUTES.

PÉRIODES DE 30 SECONDES PRÉSENTANT SUCCESSIVEMENT :

UN ÉCLAT. . . . . . . : *Durée.* . . . . . 16 *secondes.*

Intensité maximum 2,240 *becs carcel.*

UNE ÉCLIPSE PARTIELLE : *Durée.* . . . . . . 14 *secondes.*

Intensité. . . . . . 40 *becs carcel.*

PARTIE OPTIQUE.

16 Panneaux catadioptriques annulaires supérieurs, formant une coupole mobile.	1,000	16,000
16 Lentilles annulaires mobiles.	700	11,200
7 Panneaux catadioptriques inférieurs.	1,125	7,875

35,075 fr.

PARTIE MÉCANIQUE.

(1) 1 Armature	7,000
(2) 3 Lampes à piston et à poids, et leurs accessoires.	2,100
(3) 1 Machine de rotation et ses accessoires	3,200

12,300

(4) FOURNITURES ACCESSOIRES ET APPROVISIONNEMENTS 1,160

(5) LANTERNE 21,500

(6) EMBALLAGE :

De l'appareil	850
De la lanterne.	600

1,450

Total . . . . **71,485** fr.

	Appareil.	Lanterne.
Nombre de caisses.	33	25
Poids des caisses.	9,500 ᵏ	7,500 ᵏ
Cube des caisses.	33 ᵐ 00	14 ᵐ 00

(1) (2) (3) (4) (Voir les notes, page 2.)

(5) (6) (Voir les notes, page 3.)

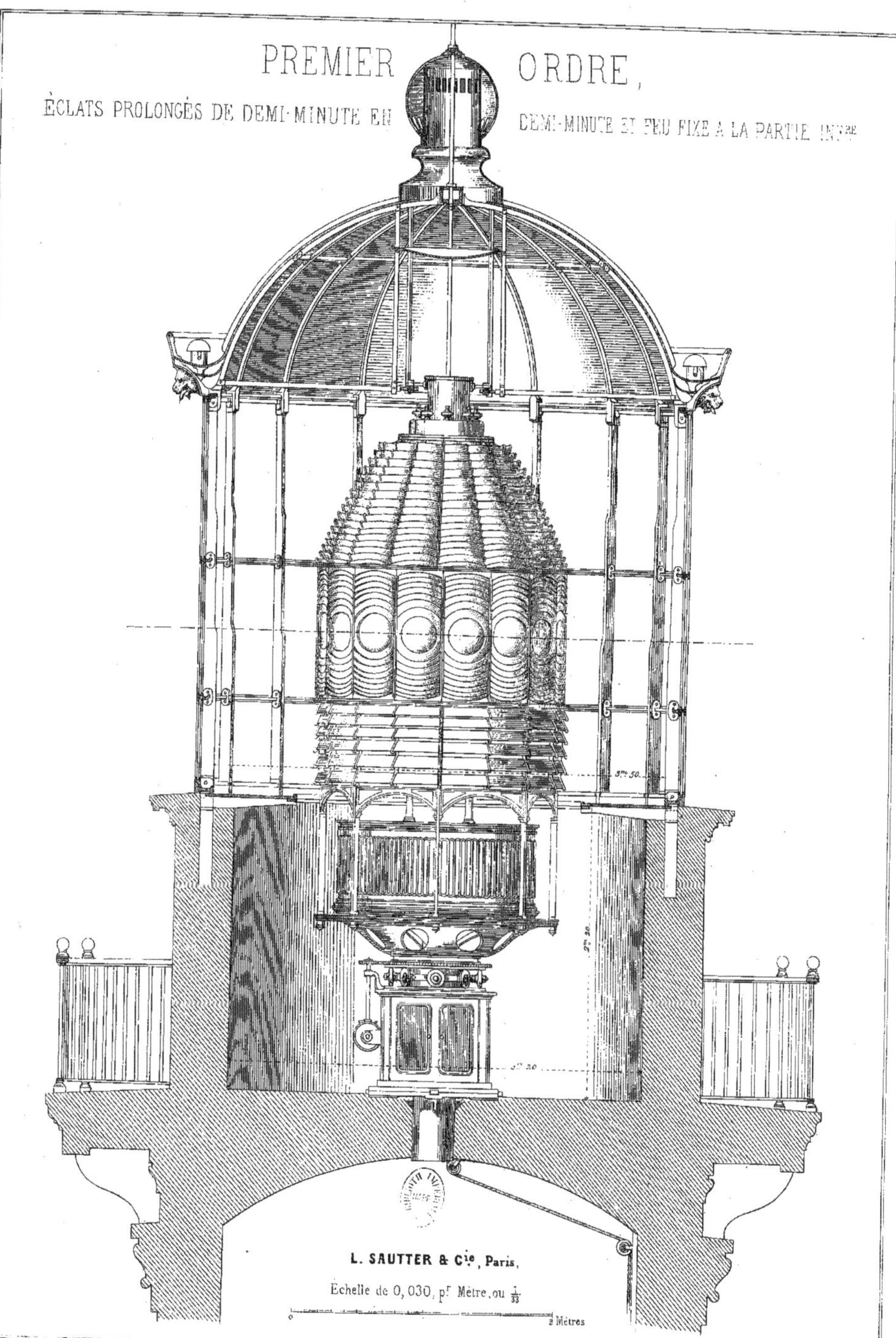

PREMIER ORDRE,
ÉCLATS PROLONGÉS DE DEMI·MINUTE EN DEMI·MINUTE ET FEU FIXE A LA PARTIE INF.RE
L. SAUTTER & Cie, Paris,
Échelle de 0,030, pr Mètre, ou 1/33
2 Mètres
Imp. Thierry Frères, à Paris

Le même, éclairant 7/8ᶜˢ d'horizon, ou 315 degrés.

Cet appareil ne diffère du précédent que parce que les lampes à piston et à poids peuvent y être remplacées par des lampes à réservoir supérieur du prix de 850 francs, ce qui en réduit le prix de 1,250 francs.

Avec lampes à réservoir supérieur . . . . **70,:35** fr.

Avec lampes à piston et à poids. . . . . **71,485** fr.

Le même, éclairant 3/4 d'horizon, ou 270 degrés.

Avec lampes à réservoir supérieur . . . . **69,090** fr.

Avec lampes à piston et à poids. . . . . **70,340** fr.

Le même, éclairant 5/8ᶜˢ d'horizon, ou 225 degrés.

Avec lampes à réservoir supérieur . . . . **67,945** fr.

Avec lampes à piston et à poids. . . . . **69,195** fr.

Le même, éclairant 1/2 d'horizon, ou 280 degrés.

Avec lampes à réservoir supérieur . . . . **66,800** fr.

Avec lampes à piston et à poids. . . . . **68,050** fr.

NOTA. Les appareils éclairant moins de 7/8ᶜˢ d'horizon ne diffèrent des autres que par le remplacement facultatif de la lampe à piston et à poids par la lampe à réservoir supérieur, et la suppression d'un ou de plusieurs panneaux catadioptriques de feu fixe.

PREMIER ORDRE.

Éclats prolongés de minute en minute sur toute la hauteur.

UNE RÉVOLUTION COMPLÈTE EN HUIT MINUTES.

PÉRIODES D'UNE MINUTE PRÉSENTANT SUCCESSIVEMENT :

UN ÉCLAT. . . . . . . : *Durée.* . . . . . 24 *secondes,*

Intensité maximum 3900 *becs carcel.*

UNE ÉCLIPSE TOTALE. . : *Durée.* . . . . . 36 *secondes.*

PARTIE OPTIQUE.

8 Panneaux catadioptriques annulaires supérieurs formant une coupole mobile	1,800	14,400		
8 Lentilles annulaires mobiles.	1,450	11,600	}	35,600 fr.
8 Panneaux catadioptriques annulaires inférieurs mobiles.	1,200	9,600		

PARTIE MÉCANIQUE.

(1) 1 Armature.	7,000		
(2) 3 Lampes à piston et à poids, et leurs accessoires.	2,100	}	12,300
(3) 1 Machine de rotation et ses accessoires.	3,200		

(4) FOURNITURES ACCESSOIRES ET APPROVISIONNEMENTS 1,160

(5) LANTERNE 21.500

(6) EMBALLAGE :

De l'appareil.	800	}	1,400
De la lanterne	600		

Total. . . . . **71,960** fr.

	Appareil.	Lanterne.
Nombre de caisses	33	35
Poids des caisses.	9,000 k	7,500 k
Cube des caisses.	32ᵐ 00	14ᵐ 00

(1) (2) (3) (4) (Voir les notes page 12.)

(5) (6) (Voir les notes page 2.)

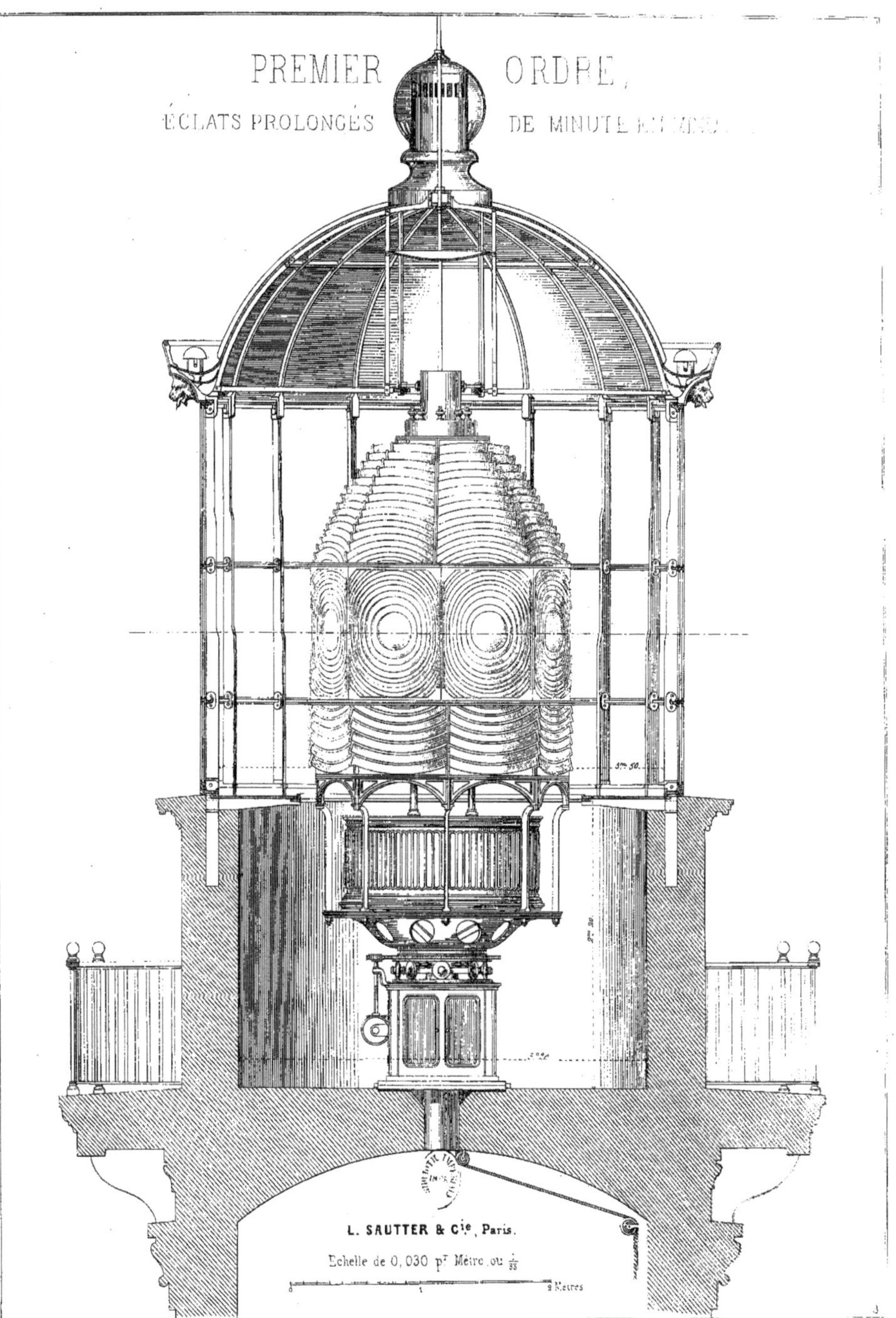

PREMIER ORDRE,
ÉCLATS PROLONGÉS DE MINUTE EN MINUTE
L. SAUTTER & Cie, Paris.
Echelle de 0,030 pr Mètre ou 1/33
2 Mètres
Imp. Thierry frères à Paris

Le même, n'éclairant pas tout l'horizon.

Cet appareil ne diffère du précédent que parce que les lampes à piston et à poids peuvent y être remplacées par des lampes à réservoir supérieur, du prix de 850 fr., ce qui en réduit le prix de 1,250 fr.

Avec lampes à réservoir supérieur. . . . . **70,710** fr.

Avec lampes à piston et à poids. . . . . **71,960** fr.

Ces prix sont les mêmes, quel que soit l'angle d'horizon éclairé.

PREMIER ORDRE.

Éclats prolongés de 30 secondes en 30 secondes sur toute la hauteur.

UNE RÉVOLUTION COMPLÈTE EN HUIT MINUTES.

PÉRIODE DE 30 SECONDES PRÉSENTANT SUCCESSIVEMENT

UN ÉCLAT . . : *Durée . . . . . .* 24 *secondes.*

Intensité maximum 2200 *becs carcel.*

UNE ÉCLIPSE TOTALE . . : *Durée . . . .* 6 *secondes.*

PARTIE OPTIQUE.

16 Panneaux catadioptriques annulaires supérieurs, formant une coupole mobile.	1,000	16,000
16 Lentilles annulaires mobiles.	700	11,200
16 Panneaux catadioptriques annulaires inférieurs mobiles. .	700	11,200

38,400 fr.

PARTIE MÉCANIQUE.

(1) 1 Armature.		7,000
(2) 3 Lampes à piston et à poids, et leurs accessoires.		2,100
(3) 1 Machine de rotation et ses accessoires.		3,200

12,300

(4) FOURNITURES ACCESSOIRES ET APPROVISIONNEMENTS 1,460

(5) LANTERNE. 21,500

(6) EMBALLAGE :

De l'appareil.	860
De la lanterne.	600

1,460

Total. **74,820** fr.

	Appareil	Lanterne.
Nombre de caisses.	33	25
Poids des caisses.	9,500^k	7,500
Cube des caisses.	33^m 00	14^m 00

(1) (2) (3) (4) (Voir les notes pages 12.)

(5) (6) (Voir les notes page 3.)

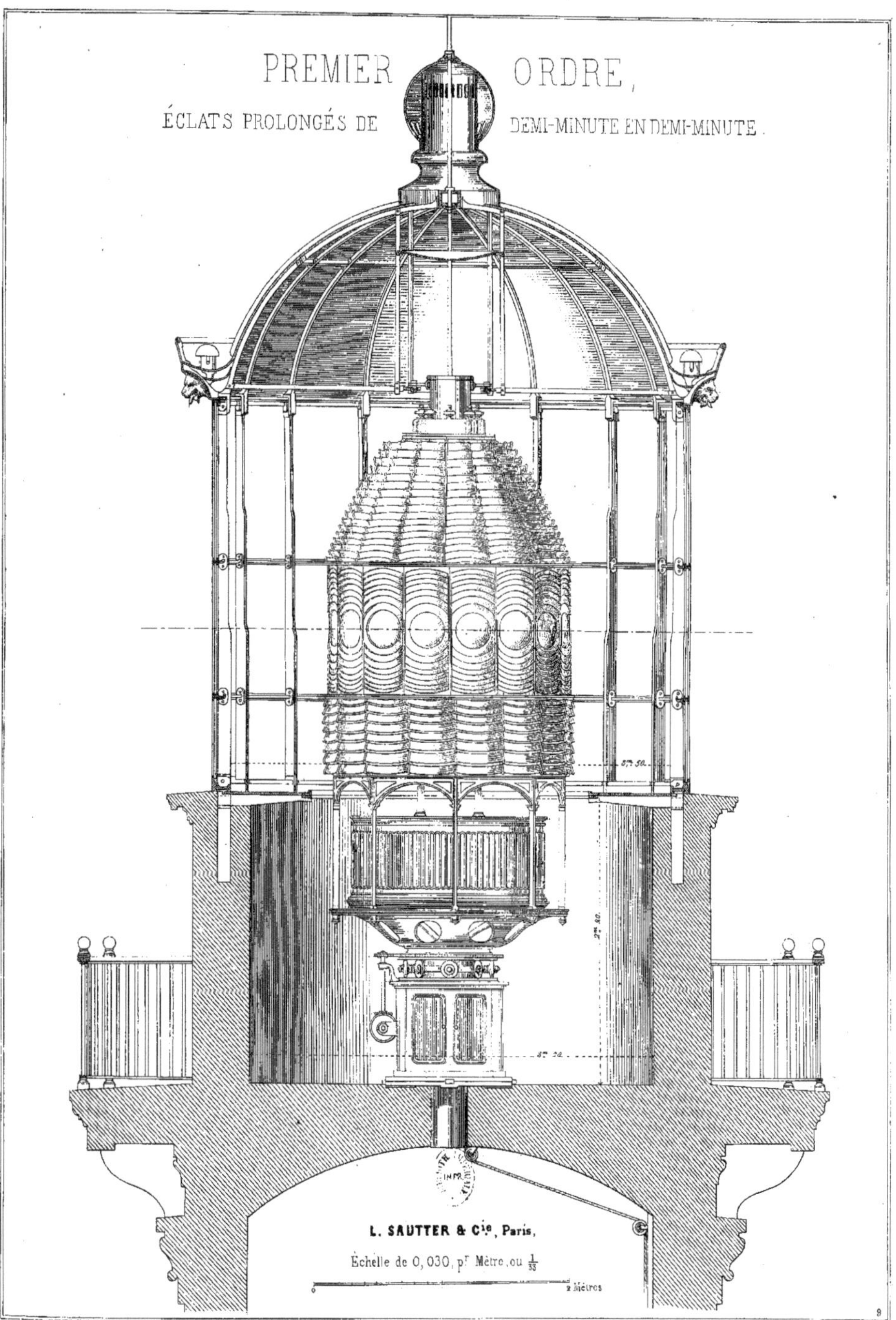

PREMIER ORDRE,
ÉCLATS PROLONGÉS DE DEMI-MINUTE EN DEMI-MINUTE.
L. SAUTTER & Cie, Paris,
Échelle de 0,030, pr Mètre, ou 1/33
2 Mètres
Imp. Thierry Frères, à Paris.

Le même, n'éclairant pas tout l'horizon.

Cet appareil ne diffère du précédent que parce que les lampes à piston et à poids peuvent y être remplacées par des lampes à réservoir supérieur, du prix de 850 fr., ce qui en réduit le prix de 1,250 fr.

Avec lampes à réservoir supérieur. . . . . **73,570** fr.

Avec lampes à piston et à poids. . . . . **74,820** fr.

Ces prix sont les mêmes, quel que soit l'angle de l'horizon éclairé.

PREMIER ORDRE.

Éclats prolongés de 15 secondes en 15 secondes sur toute la hauteur.

Une révolution complète en six minutes.

Dans cet appareil, les éclats se succèdent sans interruption, un nouvel éclat commençant au moment où l'éclat précédent vient de finir; l'intensité maximum qu'ils atteignent équivaut à 950 becs carcel.

Partie optique.

24 Panneaux catadioptriques annulaires supérieurs, formant une coupole mobile.	650	15,600	
24 Lentilles annulaires mobiles	500	12,000	39,000 fr.
24 Panneaux catadioptriques annulaires inférieurs mobiles.	475	11,400	

Partie mécanique.

(1) 1 Armature.	7,000	
(2) 3 Lampes à piston et leurs accessoires.	2,100	12,300 fr.
(3) 1 Machine de rotation et ses accessoires.	3,200	

(4) Fournitures accessoires et approvisionnements.	1,160
(5) Lanterne.	21,500

(6) Emballage :

De l'appareil.	860	
De la lanterne.	600	1,460

Total.	**75,420** fr.

	Appareil.	Lanterne.
Nombre des caisses.	33	25
Poids des caisses	9,500 ^{k}	7,500 ^{k}
Cube des caisses	33^m 00	14^m 00

(1) (2) (3) (4) (Voir les notes page 12.)

(5) (6) (Voir les notes page 3.)

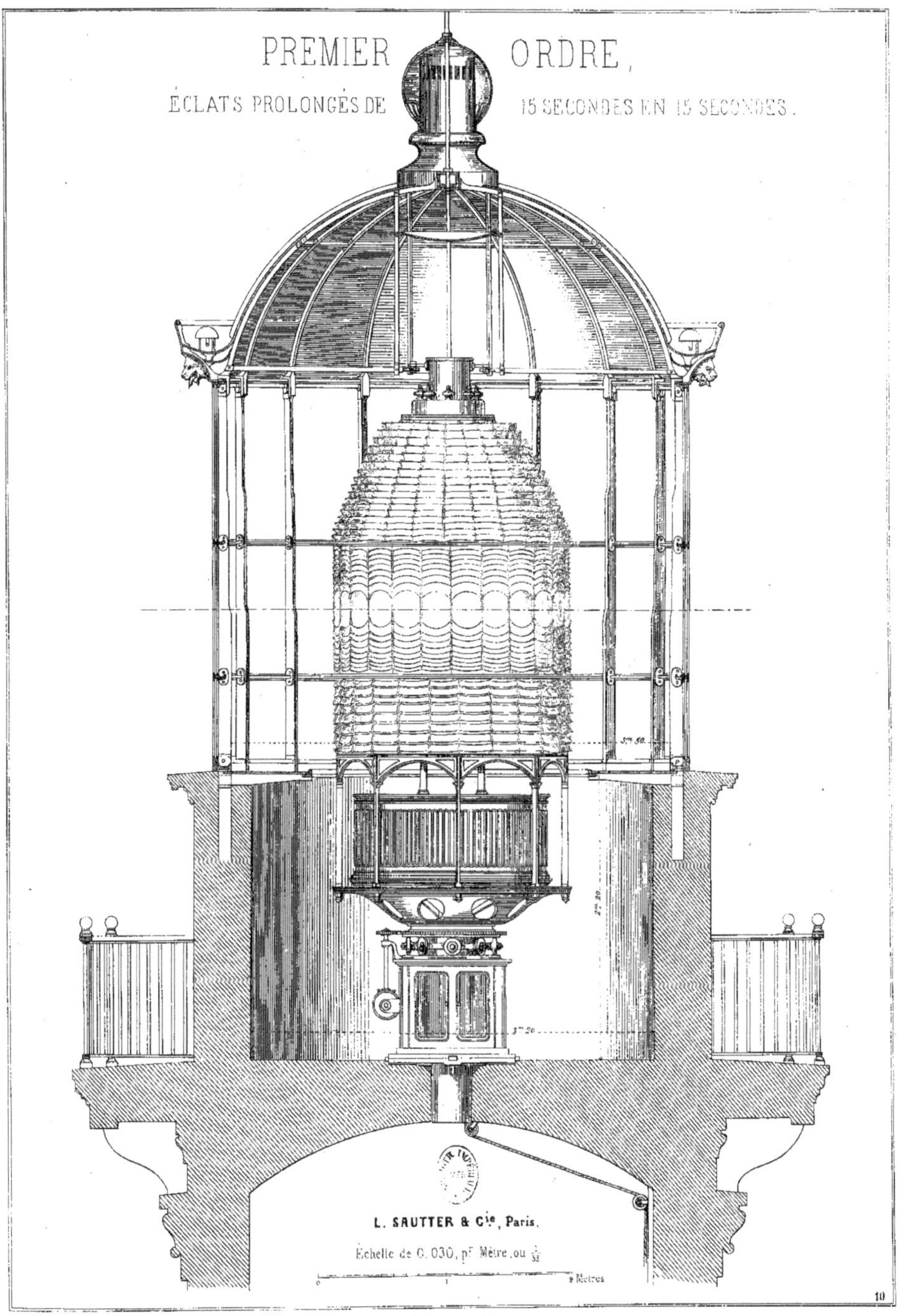

PREMIER ORDRE,
ÉCLATS PROLONGÉS DE 15 SECONDES EN 15 SECONDES.
L. SAUTTER & Cie, Paris.
Échelle de 0.030, p.r Mètre, ou 1/33
Imp. Thierry Frères, à Paris
10

Le même, n'éclairant pas tout l'horizon.

Cet appareil ne diffère du précédent que parce que les lampes à piston et à poids peuvent y être remplacées par des lampes à réservoir supérieur, du prix de 850 fr., ce qui en réduit le prix de 1,250 fr.

Avec lampes à réservoir supérieur. . . . . **74,170** fr.

Avec lampes à piston et à poids . . . . **75,420** fr.

Ces prix sont les mêmes, quel que soit l'angle d'horizon éclairé.

APPAREILS DE DEUXIÈME ORDRE.

Diamètre intérieur de l'appareil. . . . . 1^m,40

Diamètre intérieur de la lanterne, mesuré entre deux montants opposés . . . . . 3^m,00

Diamètre intérieur de la murette . . . . 2^m,70

Diamètre extérieur de la murette . . . . 3^m,50

Hauteur de la murette . . . . 2^m,10

Diamètre extérieur minimum de la corniche, dans le cas d'une balustrade en fonte. 5^m,20

Poids approximatif :

        D'un appareil. . . . . 1,600 kil.
        De sa lanterne . . . . 3,800 kil. } 5,400 kilogrammes.

Consommation d'huile par heure . . . . 500 grammes.

DEUXIÈME ORDRE.

Feu fixe éclairant tout l'horizon, ou 360 degrés.

PARTIE OPTIQUE.

6 Panneaux catadioptriques supérieurs	1,300	7,800	
6 Panneaux dioptriques centraux	1,200	7,200	18,925 fr.
5 Panneaux catadioptriques inférieurs	785	3,925	

PARTIE MÉCANIQUE.

1 Armature	3,000	
(1) Lampes mécaniques et leurs accessoires	1,800	4,800

(2) FOURNITURES ACCESSOIRES ET APPROVISIONNEMENTS.	1,100
(3) LANTERNE	14,000

(4) EMBALLAGE :

De l'appareil	500	
De la lanterne	400	900

TOTAL.......... **39,725** fr.

	Appareil.	Lanterne.
Nombre des caisses	23	23
Poids des caisses.	4,500 ^{k}	5,300 ^{k}
Cube des caisses.	17^m,50	11^m,50

(1) ACCESSOIRES DE LAMPES MÉCANIQUES. Trois becs de rechange, un presse-valvule pour emboutir les cuirs des pistons, un emporte-pièce pour les clapets, douze valvules, un morceau de toile métallique, trois volants et un assortiment de vis de rechange, un bouchon pour centrer les becs, un poids, sa tige et six rondelles, du poids total de 30 kilog.; une poulie à crochet, deux manivelles, une corde de rechange, un réveil à carillon pourvu d'un timbre de rechange et de ses deux poids.

(2) FOURNITURES ACCESSOIRES ET APPROVISIONNEMENTS.

Approvisionnements. Cent cheminées de cristal, vingt-cinq cheminées pour lampe à tringle, vingt mètres de mèches de chaque numéro, quatre grosses de mèches pour lampe à tringle, quatre paquets de mèches pour lucerne, deux pièces de peau de veau à clapets, quatre pièces de peau de veau à valvules, trois peaux chamoisées, cinq kilog. de rouge à polir, cinq kilog. de blanc d'Espagne, deux litres d'esprit-de-vin, quatre fioles d'huile d'horloger.

Ferblanterie. Un filtre à huile, un seau en cuivre, un seau en zinc, deux burettes à huile, une pompe en cuivre

DEUXIÈME ORDRE

FEU FIXE

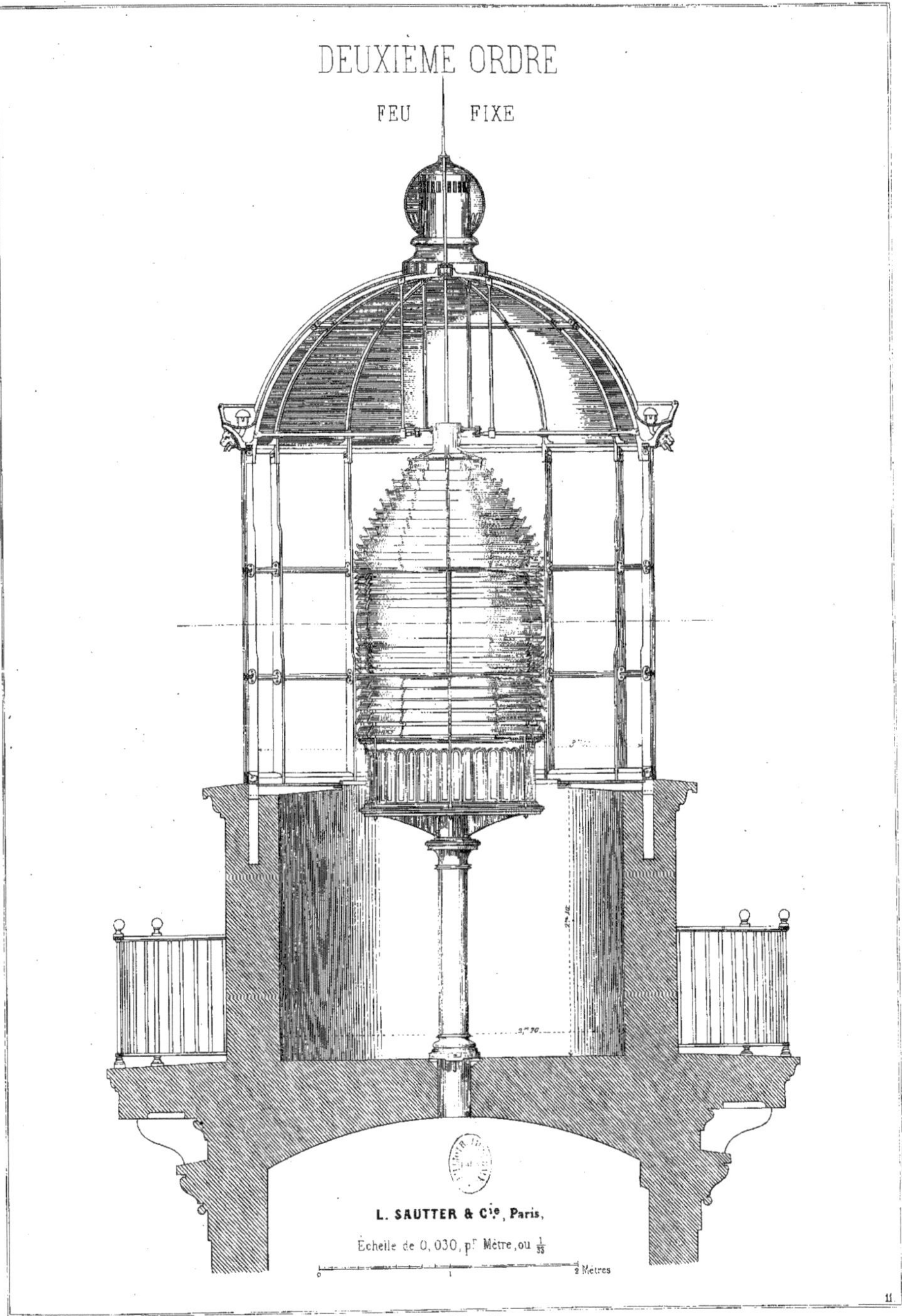

pour soutirer l'huile, un chauffoir avec sa clef, une boîte de service complète, une boîte à mèches, une boîte double pour le rouge à polir, deux boîtes pour le blanc d'Espagne, deux mesures de 250 grammes, un égouttoir, trois calibres pour poser et couper les mèches, deux lampes à tringle, une lanterne ordinaire, deux lanternes d'allumeur à deux lucernes, deux grattoirs triangulaires.

Outils. Une lime d'Allemagne, deux limes plates bâtardes, deux limes demi-douces, deux limes douces, deux limes demi-rondes, deux queues de rat, deux limes triangulaires, quatre limes d'horloger, deux ciseaux à bois, deux ciseaux à froid, deux paires de pinces plates, une paire de pinces coupantes, une paire de pinces à gruger, une paire de tenailles, une clef anglaise, un étau à griffes, deux étaux à main, trois marteaux emmanchés, trois tournevis assortis, une conscience avec assortiment de forets, un archet-fleuret, six mètres de corde métallique, un fil à plomb à toupie, dix-sept manches pour les limes, cinquante feuilles de papier émeri, quatre paires de ciseaux courbes, deux paires de ciseaux droits, deux niveaux à bulle d'air droits, un niveau à bulle d'air circulaire, un mètre pliant, un double décimètre, une pierre à repasser, un fer à souder.

Brosserie. Deux brosses de boulanger, deux grands plumeaux, deux petits plumeaux, six brosses d'horloger, douze goupillons queue de rat, deux éponges, six pinceaux assortis, trois goupillons pour les cheminées.

Objets divers. Quatre rideaux en coutil, une échelle et son marchepied, une boîte en chêne à compartiments pour les outils, une pour les accessoires de lampes, une pour les fournitures et objets d'approvisionnement.

(3) Lanterne.

La lanterne se compose de douze montants en fer forgé, recouverts à l'extérieur de nervures de bronze, reliés par des entretoises en bronze, et supportant une coupole en cuivre rouge par l'intermédiaire d'arcs, d'entretretoises et de tirants en fer forgé; elle est pourvue d'un paratonnerre en cuivre rouge à pointe de platine, d'un câble de laiton ayant, à moins d'indication spéciale, quarante mètres de longueur; de stores intérieurs, de têtes de lion formant gargouilles; elle est vitrée de glaces de 7 à 8 millimètres d'épaisseur. Dans l'intérieur se trouve une galerie de service en fonte, portée sur des corbeaux en fer mortaisés dans les montants, et une échelle de service en fonte pour y monter.

Le prix de 14,000 fr. ne comprend pas *la balustrade extérieure* en fer et en fonte qui est indiquée sur le dessin et dont le prix, comprenant l'emballage, est de 1,000 fr.

> Elle est emballée dans quatre caisses pesant environ. . . . . 800 k.
>
> Et cubant. . . . . 1^m,40

Pour les lanternes à murette métallique, voir page 98.

(4) Emballage.

L'emballage est fait avec beaucoup de soin, comme il convient pour un voyage au delà des mers. Toutes les caisses de verre ou autres objets fragiles sont en contre-caisse. Tous les objets craignant l'humidité sont mis en gras.

DEUXIÈME ORDRE.

Feu fixe éclairant 5/6ᵉˢ d'horizon ou **300 degrés.**

PARTIE OPTIQUE.

5 Panneaux catadioptriques supérieurs	1,300	6,500	
5 Panneaux dioptriques centraux	1,200	6,000	16,425 fr.
5 Panneaux catadioptriques inférieurs	785	3,925	

PARTIE MÉCANIQUE.

1 Armature	3,000	
(1) 3 Lampes à réservoir supérieur	600	3,600

(2) FOURNITURES ACCESSOIRES ET APPROVISIONNEMENTS 1,040

(3) LANTERNE 14,000

(4) EMBALLAGE :

De l'appareil	480	
De la lanterne	400	880

Total . . . . **35,945** fr.

Prix du même appareil avec lampes mécaniques . . . . **37,205** fr.

	Appareil.	**Lanterne.**
Nombre des caisses	22	23
Poids des caisses	4,350 k	5,300 k
Cube des caisses	17ᵐ,00	11ᵐ,50

(1) Ces lampes se composent de deux réservoirs supérieurs, dont un de rechange, qui se placent dans l'angle obscur de l'appareil; de deux tubes conducteurs pourvus de robinets, et servant à conduire l'huile au bec; de deux seaux pour porter le bec et recevoir l'huile excédante; de six becs; d'un réveil à carillon, avec son timbre de rechange, ses deux poids et sa corde; d'un bouchon pour centrer les becs.

On peut, si on le préfère, employer les *lampes mécaniques;* dans ce cas, le prix des lampes sera de 1,800 fr. ; celui des accessoires, de 1,100 fr.

(2) (Voir la note page 24.)

Quand les lampes mécaniques sont remplacées par des lampes à réservoir supérieur, les accessoires suivants peuvent être supprimés :

Quatre fioles d'huile d'horloger, deux pièces de peau de veau à clapets, quatre pièces de peau de veau à valvules.

Le prix total se trouve ainsi réduit à 1,040 fr.

(3) (Voir la note page 25).

(4) (Voir la note page 25).

Dans les phares n'éclairant pas tout l'horizon, le poids des caisses se trouve réduit d'environ 200 kil., et leur cube d'environ 1ᵐ,00, par chaque sixième d'horizon non éclairé.

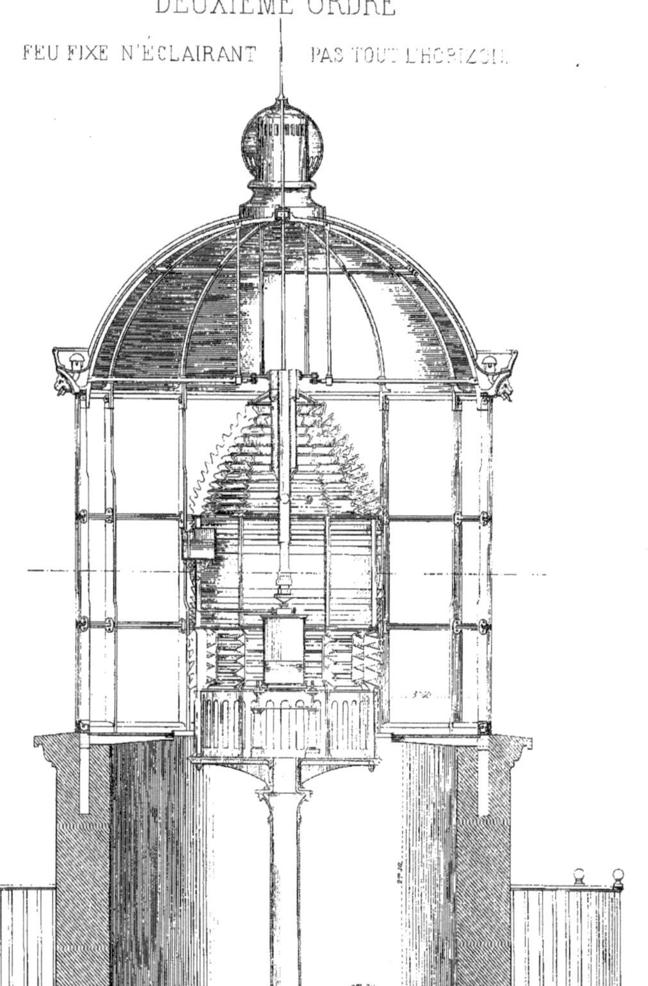

Imp. Thierry Frères, à Paris

Feu fixe éclairant 2/3 d'horizon ou 240 degrés.

Avec lampes à réservoir supérieur . . . . **32,990** fr.

Avec lampes mécaniques . . . . **34,250** fr.

Feu fixe éclairant 1/2 d'horizon ou 180 degrés.

Avec lampes à réservoir supérieur . . . . **30,035** fr.

Avec lampes mécaniques . . . . **31,295** fr.

NOTA. Les appareils n'éclairant pas tout l'horizon ne diffèrent des autres que par le remplacement facultatif de la lampe mécanique par la lampe à réservoir supérieur, la suppression d'un ou de plusieurs panneaux optiques, et l'addition d'un ou plusieurs réflecteurs en plaqués d'argent.

DEUXIÈME ORDRE.

Éclats de minute en minute, feu fixe en haut et en bas, éclairant tout l'horizon.

UNE RÉVOLUTION COMPLÈTE EN HUIT MINUTES.

PÉRIODES D'UNE MINUTE PRÉSENTANT SUCCESSIVEMENT

UN ÉCLAT. . . . . . . : *Durée.* . . . . .   8 *secondes.*

Intensité maximum 2300 *becs carcel.*

UNE ÉCLIPSE PARTIELLE : *Durée.* . . . . .   52 *secondes.*

Intensité . . . . .   95 *becs carcel.*

PARTIE OPTIQUE.

6 Panneaux catadioptriques supérieurs	1,300	7,800	
8 Lentilles annulaires mobiles	900	7,200	18,925 fr.
5 Panneaux catadioptriques inférieurs	785	3,925	

PARTIE MÉCANIQUE.

(1) Armature.	4,400	
(2) Lampes mécaniques et leurs accessoires	1,800	9,300
(3) Machine de rotation et ses accessoires.	3,100	

(4) FOURNITURES ACCESSOIRES ET APPROVISIONNEMENTS 1,100

(5) LANTERNE 14,000

(6) EMBALLAGE :

De l'appareil.	600	
De la lanterne	400	1,000

Total . . . . **44,325** fr.

	Appareil.	Lanterne.
Nombre des caisses	25	23
Poids des caisses.	5,000 ᵏ	5,300 ᵏ
Cube des caisses	19ᵐ 60	11ᵐ 50

(1) ARMATURE. La partie mobile de l'appareil porte sur des galets en bronze dur, roulant entre deux cercles en acier fondu. Aux clefs et accessoires nécessaires au montage de l'appareil sont joints trois verrins en bronze, servant à le soulever lorsque le chariot a besoin d'être visité et nettoyé. Leur prix est compris dans celui de l'armature.

(2) (Voir la note page 24.)

(3) ACCESSOIRES DE LA MACHINE DE ROTATION. Une manivelle ; un tambour de renvoi ; deux poulies à crochet ; un anneau à scellement ; un poids, sa tige et cinq rondelles du poids de 150 kilog. ; un volant de rechange ; deux clefs pour le montage ; un assortiment de vis de rechange.

(4) (5) (6) (Voir les notes pages 24 et 25.)

DEUXIÈME ORDRE
ÉCLATS DE MINUTE EN MINUTE

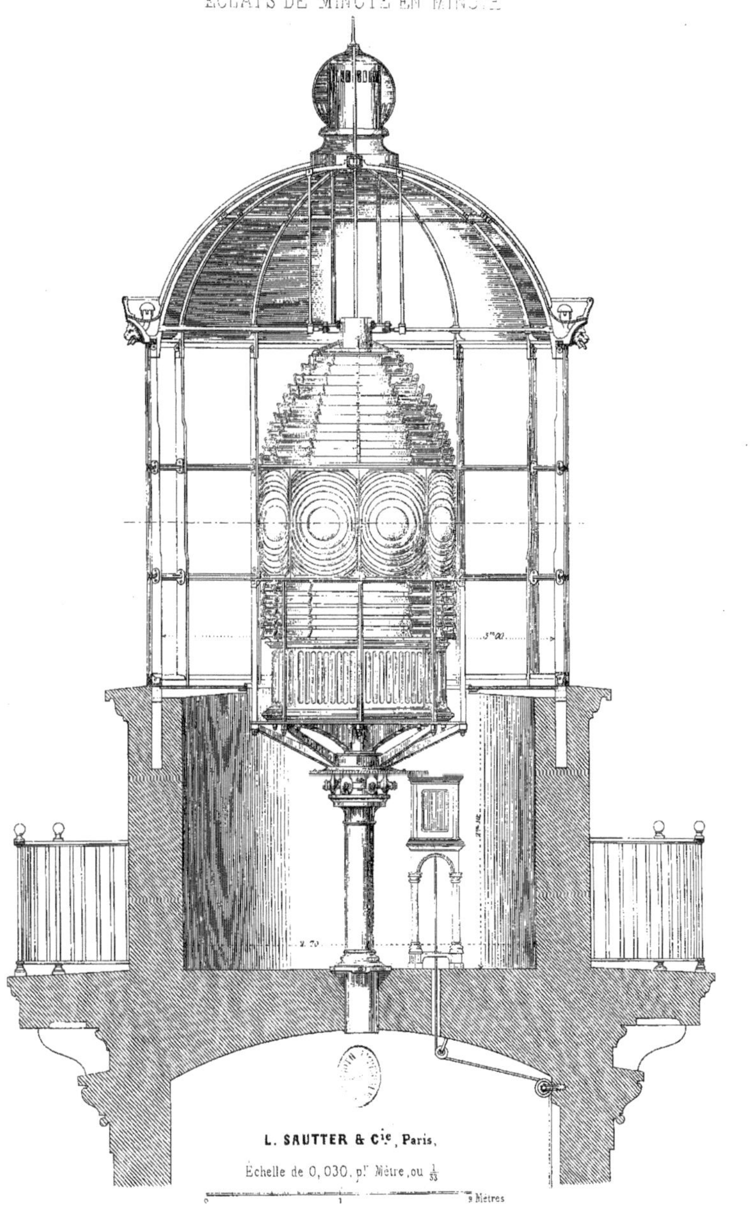

L. SAUTTER & Cie, Paris.
Échelle de 0,030. p.r Mètre, ou 1/33

Le même, éclairant 5/6ᵉ d'horizon, ou 300 degrés.

Avec lampes à réservoir supérieur . . . . , ... **41,745** fr.

Avec lampes mécaniques . . . . **43,005** fr.

Le même, éclairant 2/3 d'horizon, ou 240 degrés.

Avec lampes à réservoir supérieur. . . . . **39,640** fr.

Avec lampes mécaniques . . . . **40,900** fr.

Le même, éclairant 1/2 d'horizon, ou 180 degrés.

Avec lampes à réservoir supérieur . . . . **37,535** fr.

Avec lampes mécaniques . . . . **38,795** fr.

NOTA. Les appareils n'éclairant pas tout l'horizon ne diffèrent des autres que par le remplacement facultatif de la lampe mécanique par la lampe à réservoir supérieur et la suppression d'un ou de plusieurs panneaux catadioptriques de feu fixe.

Le même, avec éclats rouges.

Ajouter aux prix précédents :

8 Cadres mobiles en bronze, pour glaces rouges. . .	30	240	} 480 fr.
12 Glaces rouges à l'argent, dont 4 de rechange. . .	20	240	}
Emballage du tout en deux caisses		30	

Pesant environ. . .   150 kilogr.

Cubant environ. . . .   0ᵐ 60 c.

Total. , ... **510** fr.

DEUXIÈME ORDRE.

Éclats de 30 secondes en 30 secondes, feu fixe en haut et en bas, éclairant tout l'horizon.

UNE RÉVOLUTION COMPLÈTE EN SIX MINUTES.

PÉRIODES DE TRENTE SECONDES, PRÉSENTANT SUCCESSIVEMENT

UN ÉCLAT. . . . . . . : *Durée.* . . . . . .   6 *secondes.*

Intensité maximum 1440 *becs carcel.*

UNE ÉCLIPSE PARTIELLE : *Durée.* . . . . . .   24 *secondes.*

Intensité. . . . . .   95 *becs carcel.*

PARTIE OPTIQUE.

6	Panneaux catadioptriques supérieurs	1,300	7,800
12	Lentilles annulaires mobiles.	600	7,200
5	Panneaux catadioptriques inférieurs	785	3,925

18,925 fr.

PARTIE MÉCANIQUE.

(1)	Armature.	4,400
(2)	Lampes mécaniques et leurs accessoires	1,800
(3)	Machine de rotation et ses accessoires	3,100

9,300

(4) FOURNITURES ACCESSOIRES ET APPROVISIONNEMENTS. 1,100

(5) LANTERNE 14,000

(6) EMBALLAGE :

De l'appareil. 600

De la lanterne. 400

1,000

Total . . . . **44,325** fr.

	Appareil.	Lanterne.
Nombre des caisses	25	23
Poids des caisses	5,000 k	5,300 k
Cube des caisses	19ᵐ 60	11ᵐ 50

(1) (2) (3) (4) (5) (6) (Voir les notes page 28.)

DEUXIÈME ORDRE

ÉCLATS DE DEMI-MINUTE EN DEMI-MINUTE.

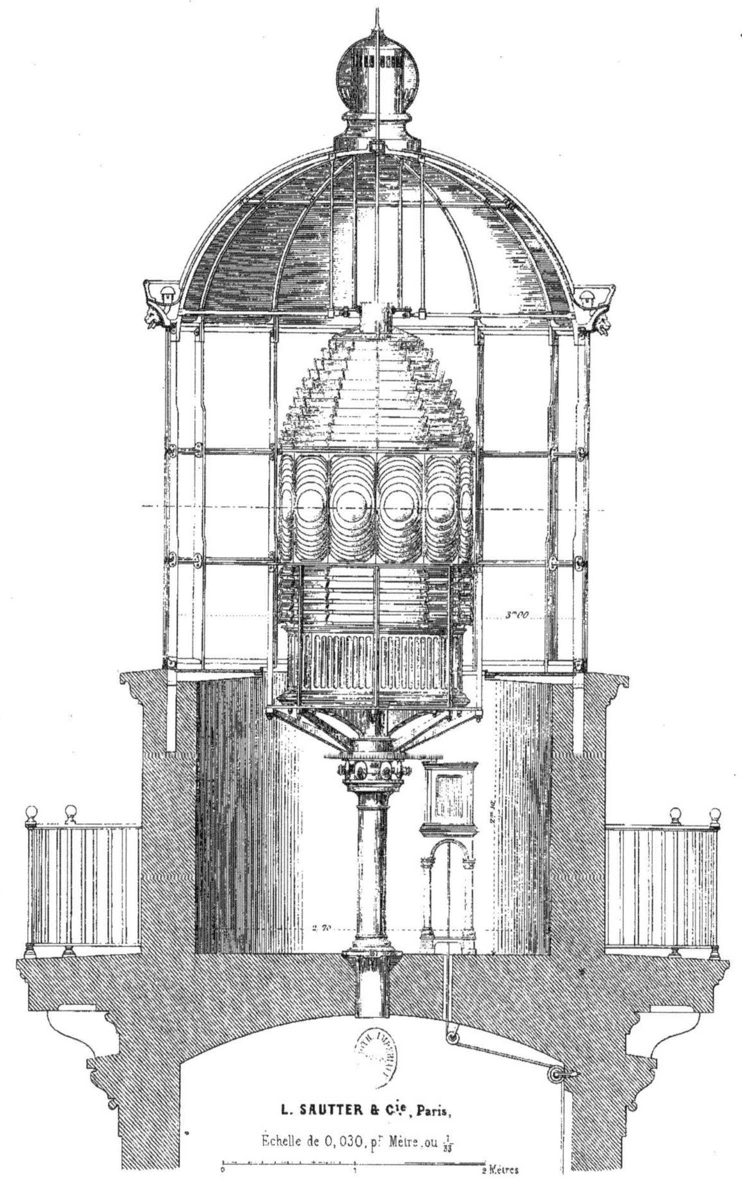

Le même, éclairant 5/6ᵉˢ d'horizon, ou 300 degrés.

Avec lampes à réservoir supérieur . . . . **41,745** fr.

Avec lampes mécaniques . . . . **43,005** fr.

Le même, éclairant 2/3 d'horizon, ou 240 degrés.

Avec lampes à réservoir supérieur . . . . **39,640** fr.

Avec lampes mécaniques . . . . **40,900** fr.

Le même, éclairant 1/2 d'horizon, ou 180 degrés.

Avec lampes à réservoir supérieur . . . . **37,535** fr.

Avec lampes mécaniques . . . . **38,795** fr.

NOTA. Les appareils n'éclairant pas tout l'horizon ne diffèrent des autres que par le remplacement facultatif de la lampe mécanique par la lampe à réservoir supérieur, et la suppression d'un ou de plusieurs panneaux catadioptriques de feu fixe.

Le même, avec éclats rouges.

Ajouter aux prix précédents :

12 Cadres mobiles en bronze pour glaces rouges	28	336	} 660 fr.
18 Glaces rouges à l'argent, dont 6 de rechange	18	324	
Emballage du tout en deux caisses,			
Pesant environ 120ᵏ			} 30 fr.
Cubant environ . . . . . 0ᵐ 60.			

Total. . . . . **690** fr.

DEUXIÈME ORDRE.

Feu fixe varié par des éclats de 2 en 2 minutes éclairant tout l'horizon.

UNE RÉVOLUTION COMPLÈTE EN SIX MINUTES.

TROIS PÉRIODES DE DEUX MINUTES CHACUNE, PRÉSENTANT SUCCESSIVEMENT

UN FEU FIXE. . . . . . . : *Durée*. . . . . .   90 *secondes.*
                      Intensité. . . . . . 345 *becs carcel.*
UNE ÉCLIPSE PARTIELLE . : *Durée*. . . . . .   12 *secondes.*
                      Intensité.   . . .   95 *becs carcel.*
UN ÉCLAT . . . . : *Durée*. . . . . .   6 *secondes.*
                      Intensité maximum 1,440 *becs carcel.*
UNE ÉCLIPSE PARTIELLE. . : *Durée*. . . . . .   12 *secondes.*
                      Intensité. . . . .   95 *becs carcel.*

PARTIE OPTIQUE.

6 Panneaux catadioptriques supérieurs.	1,300	7,800
8 Panneaux dioptriques centraux pour feu fixe	1,200	3,600
3 Demi-panneaux	600	1,800
3 Lentilles annulaires mobiles occupant 1/12° de circonférence.	600	1,800
5 Panneaux catadioptriques inférieurs	785	3,925

                                                           18,925 fr.

PARTIE MÉCANIQUE.

(1) 1 Armature.	4,400
(2) 8 Lampes mécaniques et leurs accessoires	1,800
(3) 1 Machine de rotation et ses accessoires	3,100

                                                   9,300

(4) FOURNITURES ACCESSOIRES ET APPROVISIONNEMENTS. . .   1,100

(5) LANTERNE   14,000

(6) EMBALLAGE :

     De l'appareil 600
     De la lanterne 400

                                                                 1,000

                                Total. . . . .   **44,325** fr.

	Appareil.	Lanterne.
Nombre des caisses	25	23
Poids des caisses.	5,000 k	5,300 k
Cube des caisses.	19ᵐ 60	11ᵐ 50

(1) (2) (3) (4) (5) (6) (Voir les notes page 28.)

DEUXIÈME ORDRE
FEU FIXE VARIÉ PAR DES ÉCLATS DE 3 MINUTES EN 3 MINUTES. 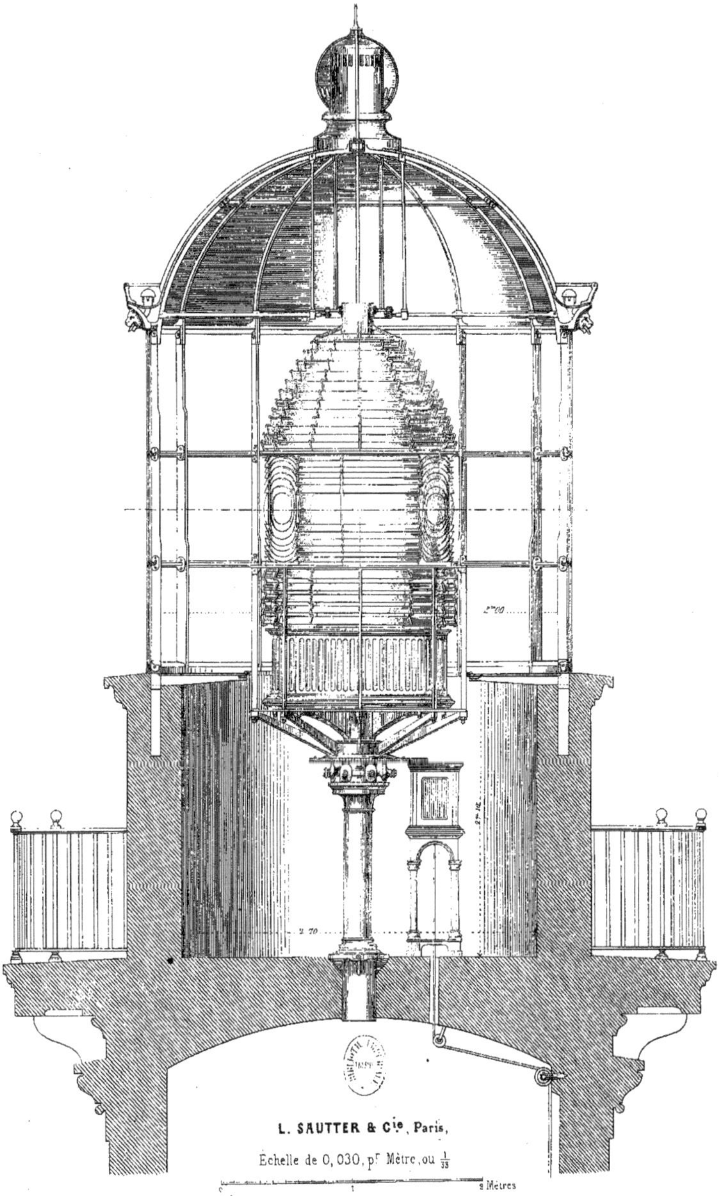
2 m 00
2 m 40
2 70
L. SAUTTER & Cie, Paris,
Échelle de 0,030, pr Mètre, ou 1/33
2 Mètres
15
Imp. Thierry Frères, à Paris

Le même, éclairant 5/6ᵉˢ d'horizon, ou 300 degrés.

Avec lampes à réservoir supérieur . . . .   **41,745** fr.

Avec lampes mécaniques . . . .   **43,005** fr.

Le même, éclairant 2/3 d'horizon, ou 240 degrés.

Avec lampes à réservoir supérieur . . . .   **39,640** fr.

Avec lampes mécaniques . . . .   **40,900** fr.

Le même, éclairant 1/2 d'horizon, ou 180 degrés.

Avec lampes à réservoir supérieur . . . .   **37,535** fr.

Avec lampes mécaniques . . . .   **38,795** fr.

NOTA. Les appareils n'éclairant pas tout l'horizon ne diffèrent des autres que par le remplacement facultatif de la lampe mécanique par la lampe à réservoir supérieur, et la suppression d'un ou de plusieurs panneaux catadioptriques de feu fixe.

Le même, avec éclats rouges.

Ajouter aux prix précédents :

3 Cadres mobiles en bronze pour glaces rouges . . .	28	84	**192** fr.
6 Glaces rouges à l'argent, dont 3 de rechange . . .	18	108	

Emballage du tout en une caisse :

Pesant environ	80 k	
Cubant environ	0ᵐ 40	30

Total . . . .   **222** fr.

DEUXIÈME ORDRE.

Éclats prolongés de minute en minute, feu fixe en bas seulement, éclairant tout l'horizon.

UNE RÉVOLUTION COMPLÈTE EN HUIT MINUTES.

PÉRIODES D'UNE MINUTE CHACUNE PRÉSENTANT SUCCESSIVEMENT :

UN ÉCLAT . . . . . . : *Durée* . . . . . . 16 *secondes.*

Intensité maximum 2,220 *becs carcel.*

UNE ÉCLIPSE PARTIELLE : *Durée* . . . . . . 44 *secondes.*

Intensité . . . . . 20 *becs carcel.*

PARTIE OPTIQUE.

8 Panneaux catadioptriques annulaires supérieurs, formant une coupole mobile	1,200	9,600	
8 Lentilles annulaires mobiles	900	7,200	20,725 fr.
5 Panneaux catadioptriques inférieurs	785	3,925	

PARTIE MÉCANIQUE.

(1) 1 Armature	5,500	
(2) 3 Lampes à piston et à poids et leurs accessoires	1,800	10,300
(3) 1 Machine de rotation et ses accessoires	3,000	

(4) FOURNITURES ACCESSOIRES ET APPROVISIONNEMENTS 1,060

(5) LANTERNE 14,000

(6) EMBALLAGE :

De l'appareil	650	
De la lanterne	400	1,050

Total . . . . **47,135 fr.**

	Appareil.	Lanterne.
Nombre de caisses	27	23
Poids des caisses	5,500 k	5,300 k
Cube des caisses	21 ᵐ 00	11ᵐ 50

---

(1) *L'armature* de cet appareil diffère de celle des précédents. La cage de la rotation sert de socle à l'appareil, ce qui permet d'augmenter les dimensions du chariot sans encombrer la chambre de service. Ce chariot est du reste, comme les précédents, formé de galets en bronze dur, roulant entre des plans en acier fondu.

(2) La disposition de l'armature ne permettant pas l'emploi de *lampes mécaniques,* elles sont remplacées par des *lampes à piston et à poids.*

Les accessoires de ces lampes sont : trois becs de rechange ; trois cuirs pour piston ; un réveil à carillon, pourvu d'un timbre de rechange, de sa corde et de ses deux poids.

ÉCLATS PROLONGÉS DE MINUTE EN MINUTE ET FEU FIXE A LA PARTIE INF^re

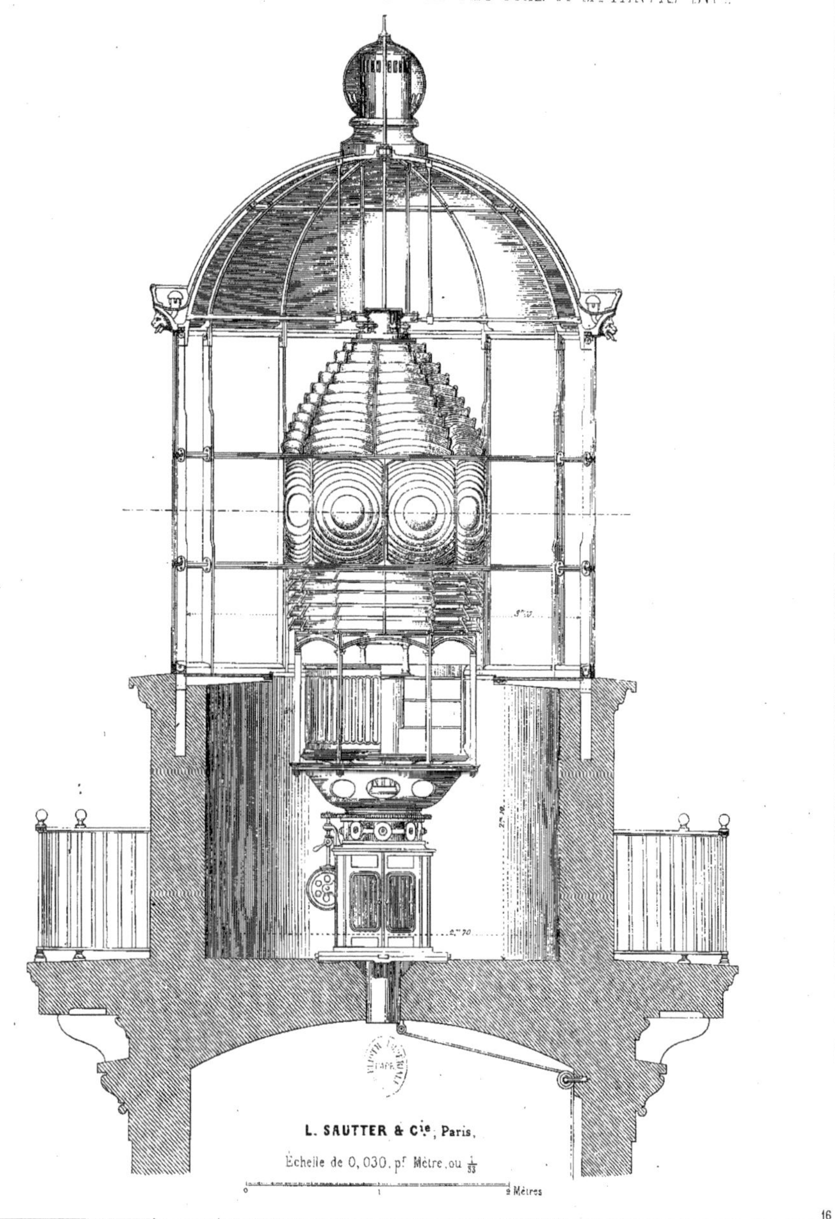

(3) La *machine de rotation* diffère un peu par les dimensions de celle des appareils précédents, mais les accessoires en sont les mêmes.

(Voir pour le détail la note, page 28.)

(4) (Voir la note page 25.) La suppression des lampes mécaniques entraîne celle des accessoires suivants :

2 Pièces peau de veau à clapets.

4 Pièces peau de veau à valvules.

(5) (6) (Voir les notes page 24).

Le même, éclairant 5/6ᵉˢ d'horizon, ou 300 degrés.

Cet appareil ne diffère du précédent que parce que les lampes à piston et à poids peuvent y être remplacées par des lampes à réservoir supérieur, du prix de 600 fr., ce qui en réduit le prix de 1,200 fr.

Avec lampes à réservoir supérieur. . . . . **45,935** fr.

Avec lampes à piston et à poids. . . . . **47,135** fr.

Le même, éclairant 2/3 d'horizon, ou 240 degrés.

Avec lampes à réservoir supérieur . . . . **45,130** fr.

Avec lampes à piston et à poids . . . . **46,330** fr.

Le même, éclairant 1/2 d'horizon ou 180 degrés.

Avec lampes à réservoir supérieur . . . . **44,325** fr.

Avec lampes à piston et à poids . . . . **45,525** fr.

NOTA. Les appareils éclairant moins de 5/6ᵉˢ d'horizon ne diffèrent des autres que par le remplacement facultatif de la lampe à piston et à poids par la lampe à réservoir supérieur, et la suppression d'un ou de plusieurs panneaux catadioptriques de feu fixe.

DEUXIÈME ORDRE.

**Éclats prolongés de 30 secondes én 30 secondes, feu fixe en bas seulement,
éclairant tout l'horizon.**

UNE RÉVOLUTION COMPLÈTE EN SIX MINUTES.

DOUZE PÉRIODES DE 30 SECONDES CHACUNE PRÉSENTANT SUCCESSIVEMENT :

UN ÉCLAT. . . . . . . : *Durée.* . .. . 12 *secondes.*

Intensité maximum 1,360 *becs carcel.*

UNE ÉCLIPSE PARTIELLE : *Durée.* . . . . . 18 *secondes.*

Intensité. . . . . 20 *becs carcel.*

PARTIE OPTIQUE.

12 Panneaux catadioptriques annulaires supérieurs, formant une coupole mobile.	850	10,200
12 Lentilles annulaires mobiles.	600	7,200
5 Panneaux catadioptriques inférieurs.	785	3,925

21,325 fr.

PARTIE MÉCANIQUE.

(1) 1 Armature	5,500
(2) 3 Lampes à piston et à poids, et leurs accessoires.	1,800
(3) 1 Machine de rotation et ses accessoires	3,000

10,300

(4) FOURNITURES ACCESSOIRES ET APPROVISIONNEMENTS	1,060
(5) LANTERNE	14,000
(6) EMBALLAGE :	
De l'appareil	650
De la lanterne.	400

1,050

Total . . . . **47,735** fr.

	Appareil.	Lanterne.
Nombre de caisses.	27	23
Poids des caisses.	5,500 ᵏ	5,300 ᵏ
Cube des caisses.	21 ᵐ 00	11 ᵐ 50

(1) (2) (3) (4) (Voir les notes, pages 34 et 35.)

(5) (6) (Voir les notes, page 25.)

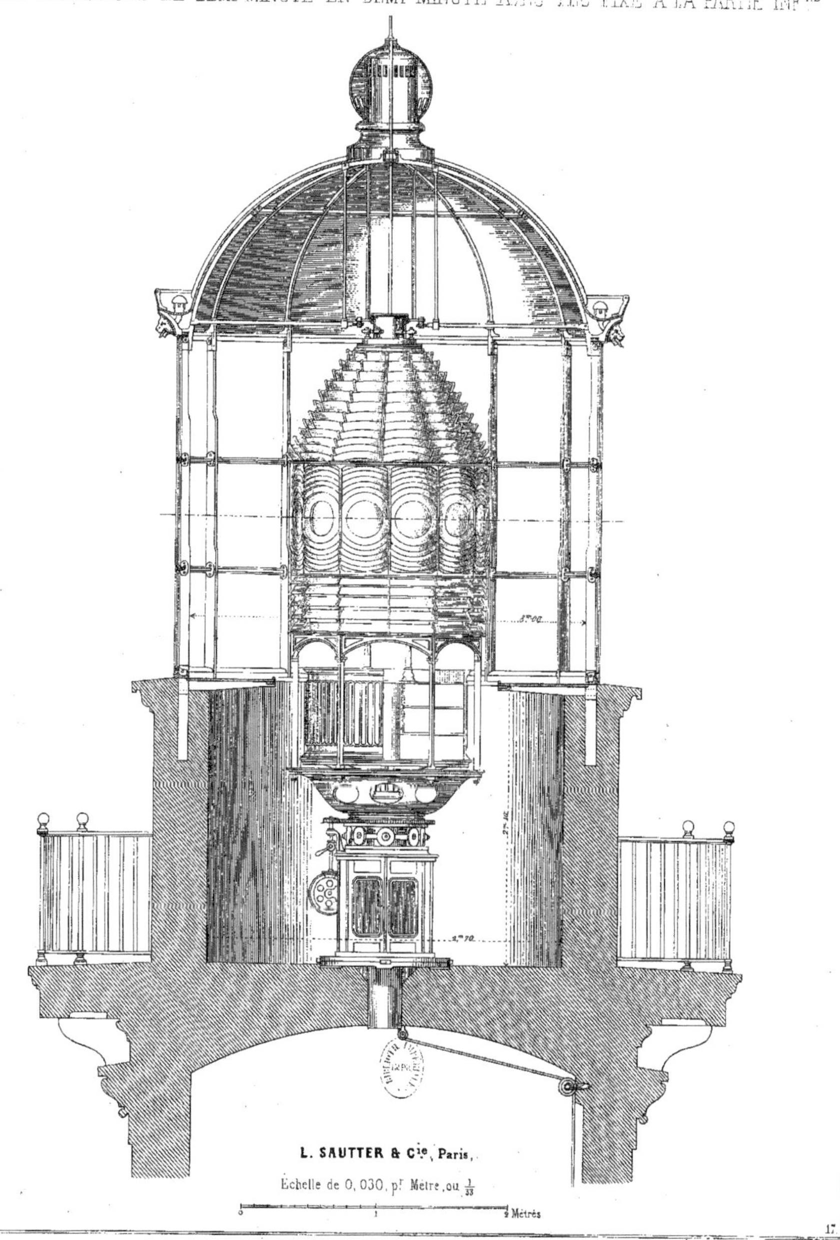
L. SAUTTER & C.ie, Paris,
Échelle de 0,030, p.^r Mètre, ou 1/33

Le même, éclairant 5/6⁰ d'horizon, ou 270 degrés.

Cet appareil ne diffère du précédent que parce que les lampes à piston et à poids peuvent y être remplacées par des lampes à réservoir supérieur du prix de 600 francs, ce qui en réduit le prix de 1,200 francs.

Avec lampes à réservoir supérieur . . . . **46,535** fr.

Avec lampes à piston et à poids. . . . . **47,735** fr.

Le même, éclairant 2/3 d'horizon, ou 240 degrés.

Avec lampes à réservoir supérieur . . . . **45,730** fr.

Avec lampes à piston et à poids. . . . . **46,930** fr.

Le même, éclairant 1/2 d'horizon, ou 180 degrés.

Avec lampes à réservoir supérieur . . . . **44,925** fr.

Avec lampes à piston et à poids. . . . . **46,125** fr.

NOTA. Les appareils éclairant moins de 5/6⁰ d'horizon ne diffèrent des autres que par le remplacement facultatif de la lampe à piston et à poids par la lampe à réservoir supérieur, et la suppression d'un ou de plusieurs panneaux catadioptriques de feu fixe.

DEUXIÈME ORDRE.

Éclats prolongés de minute en minute sur toute la hauteur.

UNE RÉVOLUTION COMPLÈTE EN HUIT MINUTES.

HUIT PÉRIODES D'UNE MINUTE CHACUNE PRÉSENTANT SUCCESSIVEMENT :

UN ÉCLAT . . . . . . : *Durée.* . . . . . .   24 *secondes,*

Intensité maximum 2200 *becs carcel.*

UNE ÉCLIPSE TOTALE. . : *Durée.* . . . . . .   36 *secondes.*

PARTIE OPTIQUE.

8 Panneaux catadioptriques annulaires supérieurs formant une coupole mobile	1,200	9,600
8 Lentilles annulaires mobiles.	900	7,200
8 Panneaux catadioptriques annulaires inférieurs mobiles.	700	5,600

22,400 fr.

PARTIE MÉCANIQUE.

(1) 1 Armature		5,500
(2) 3 Lampes à piston et à poids, et leurs accessoires.		1,800
(3) 1 Machine de rotation et ses accessoires		3,000

10,300

(4) FOURNITURES ACCESSOIRES ET APPROVISIONNEMENTS   1,060

(5) LANTERNE   14,000

(6) EMBALLAGE :

De l'appareil	650
De la lanterne	400

1,050

Total . . . . **48,810** fr.

	Appareil.	Lanterne.
Nombre de caisses	27	23
Poids des caisses.	5,500 ᵏ	5,300 ᵏ
Cube des caisses.	21ᵐ 00	11ᵐ 50

(1) (2) (3) (4) (Voir les notes pages 34 et 35.)

(5) (6) (Voir les notes page 25.)

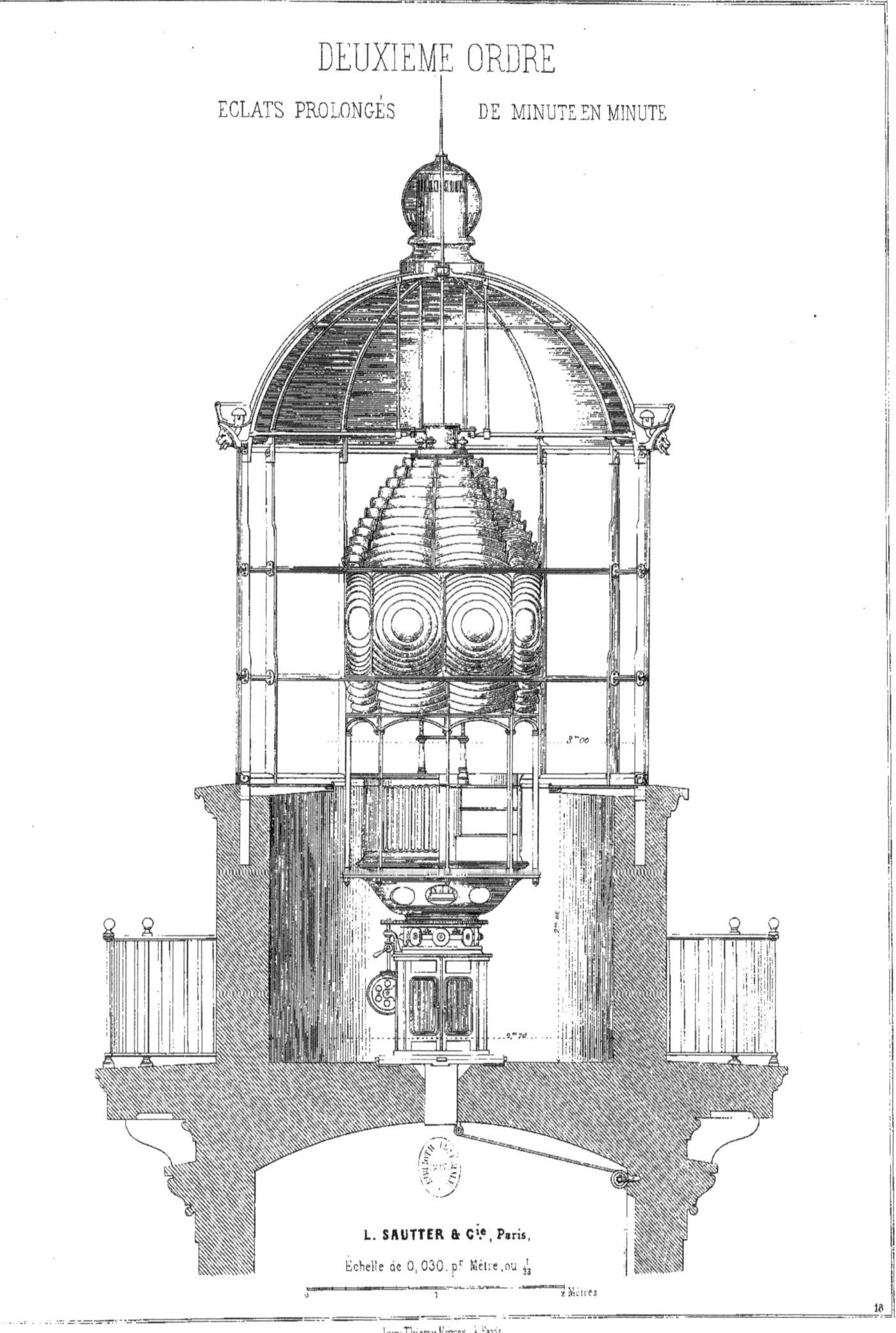

DEUXIEME ORDRE
ECLATS PROLONGÉS
DE MINUTE EN MINUTE
L. SAUTTER & Cie, Paris,
Échelle de 0,030, pr Mètre, ou 1/33
Imp. Thierry Frères, à Paris

Le même, n'éclairant pas tout l'horizon.

Cet appareil ne diffère du précédent que parce que les lampes à piston et à poids peuvent y être remplacées par des lampes à réservoir supérieur, du prix de 600 fr., ce qui en réduit le prix de 1,200 fr.

Avec lampes à réservoir supérieur . . . . **47,610** fr.

Avec lampes à piston et à poids . . . . **48,810** fr.

Ces prix sont les mêmes, quel que soit l'angle d'horizon éclairé.

DEUXIÈME ORDRE.

Éclats prolongés de 30 secondes en 30 secondes sur toute la hauteur.

UNE RÉVOLUTION COMPLÈTE EN SIX MINUTES.

PÉRIODES DE 30 SECONDES CHACUNE PRÉSENTANT SUCCESSIVEMENT

UN ÉCLAT. . . . . : *Durée.* . . . . . . 18 *secondes.*

Intensité maximum 1840 *becs carcel.*

UNE ÉCLIPSE TOTALE. . : *Durée.* . . . . . . 12 *secondes.*

PARTIE OPTIQUE.

12 Panneaux catadioptriques annulaires supérieurs, formant une coupole mobile.	850	10,200	
12 Lentilles annulaires mobiles	600	7,200	24,600 fr.
12 Panneaux catadioptriques annulaires inférieurs mobiles	600	7,200	

PARTIE MÉCANIQUE.

(1) 1 Armature.	5,500		
(2) 3 Lampes à piston et à poids, et leurs accessoires.	1,800	10,300	
(3) 1 Machine de rotation et ses accessoires	3,000		

(4) FOURNITURES ACCESSOIRES ET APPROVISIONNEMENTS 1,060

(5) LANTERNE 14,000

(6) EMBALLAGE :

De l'appareil.	650	
De la lanterne.	400	1,050

Total. . . . . **51,010** fr.

	Appareil.	Lanterne.
Nombre de caisses.	27	23
Poids des caisses	5,500 ▪	5,300 ▪
Cube des caisses	21ᵐ 00	11ᵐ 50

(1) (2) (3) (4) (Voir les notes pages 34 et 35.)

(5) (6) (Voir les notes page 25.)

DEUXIÈME ORDRE

ECLATS PROLONGÉS DE DEMI-MINUTE EN DEMI-MINUTE.

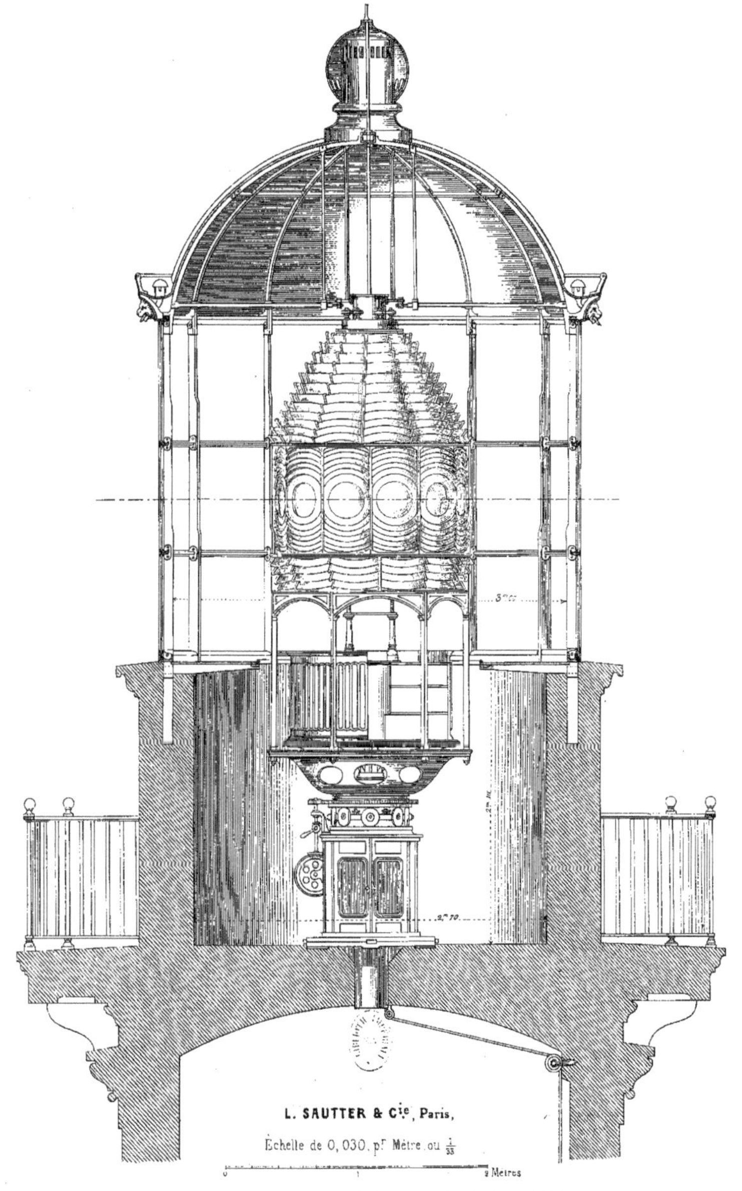

Le même, n'éclairant pas tout l'horizon.

Cet appareil ne diffère du précédent que parce que les lampes à piston et à poids peuvent y être remplacées par des lampes à réservoir supérieur, du prix de 600 fr., ce qui en réduit le prix de 1,200 fr.

Avec lampes à réservoir supérieur . . . . **49,810** fr.

Avec lampes à piston et à poids . . . . **51,010** fr.

Ces prix sont les mêmes, quel que soit l'angle d'horizon éclairé.

DEUXIÈME ORDRE.

Éclats prolongés de 15 secondes en 15 secondes sur toute la hauteur.

Dans cet appareil, les éclats se succèdent sans interruption, un nouvel éclat commençant au moment où l'éclat précédent vient de finir ; l'intensité maximum qu'ils atteignent équivaut à 850 becs carcel.

PARTIE OPTIQUE.

20 Panneaux catadioptriques annulaires supérieurs, formant une coupole mobile.	550	11,000	
20 Lentilles annulaires mobiles	400	8,000	27,000 fr.
20 Panneaux catadioptriques annulaires inférieurs mobiles.	400	8,000	

PARTIE MÉCANIQUE.

(1) 1 Armature.		5,500	
(2) 3 Lampes à piston et à poids et leurs accessoires		1,800	10,300 fr.
(3) 1 Machine de rotation et ses accessoires		3,000	

(4) FOURNITURES ACCESSOIRES ET APPROVISIONNEMENTS. 1,060

(5) LANTERNE 14,000

(6) EMBALLAGE :

De l'appareil	650	
De la lanterne	400	1,050

Total. . . . . **53,410** fr.

	Appareil.	Lanterne.
Nombre des caisses	27	23
Poids des caisses	5,500 k	5,300 k
Cube des caisses	21ᵐ 00	11ᵐ 50

(1) (2) (3) (4) (Voir les notes pages 34 et 35.)

(5) (6) (Voir les notes page 25.)

Le même, n'éclairant pas tout l'horizon.

Cet appareil ne diffère du précédent que parce que les lampes à piston et à poids peuvent y être remplacées par des lampes à réservoir supérieur, du prix de 600 fr., ce qui en réduit le prix de 1,200 fr.

Avec lampes à réservoir supérieur . . . . **52,210** fr.

Avec lampes à piston et à poids. . . . . **53,410** fr.

Ces prix sont les mêmes, quel que soit l'angle d'horizon éclairé.

APPAREILS DE TROISIÈME ORDRE.

Diamètre intérieur de l'appareil. . . . . 1^m,00

Diamètre intérieur de la lanterne, mesuré entre deux montants opposés. . . . . 2^m,50

Diamètre intérieur de la murette.. . . . . 2^m,25

Diamètre extérieur de la murette.. . . . . 2^m95

Hauteur de la murette . . . . ~ . . . . 2^m00

Diamètre extérieur minimum de la corniche dans le cas d'une balustrade en fonte. . . 4^m55

Poids approximatif :

       D'un appareil. . . . . 900 kil.

       De sa lanterne . . . . 2,400 kil.   3,300 kilogrammes.

Consommation d'huile par heure. . . . . 200 grammes.

TROISIÈME ORDRE.

Feu fixe éclairant tout l'horizon, ou 360 degrés.

PARTIE OPTIQUE.

5 Panneaux catadioptriques supérieurs	740	3,700	
5 Panneaux dioptriques centraux	800	4,000	9,100 fr.
4 Panneaux catadioptriques inférieurs	350	1,400	

PARTIE MÉCANIQUE.

1 Armature	1,300	
(1) 3 Lampes à piston et à poids et leurs accessoires	1,200	2,500
(2) FOURNITURES ACCESSOIRES ET APPROVISIONNEMENTS		900
(3) LANTERNE		8,500

(4) EMBALLAGE :

De l'appareil	350	
De la lanterne	200	550

Total. **21,550**

	Appareil.	Lanterne.
Nombre de caisses	16	11
Poids des caisses	2,600 ^{k}	3,000 ^{k}
Cube des caisses	11^m,80	5^m,60

(1) LAMPES. Nous préférons, dans les appareils de troisième ordre, les lampes à piston et à poids, aux lampes mécaniques, que nous pouvons cependant construire pour le même prix. Elles sont plus maniables que les lampes du même système de premier et de deuxième ordre, et sujettes à moins de dérangements que les lampes mécaniques ; aussi, à moins de demande spéciale, les employons-nous indistinctement dans tous les appareils de troisième ordre, quels que soient leur nature et l'angle d'horizon qu'ils éclairent, de préférence à toutes autres, sans en excepter les lampes à réservoir supérieur.

Leurs accessoires sont : trois becs, trois cuirs pour pistons de rechange, un réveil à carillon pourvu de son timbre de rechange, de sa corde et de ses poids.

(2) FOURNITURES ACCESSOIRES ET APPROVISIONNEMENTS.

Approvisionnements. Cent cheminées de cristal, vingt-cinq cheminées pour lampe à tringle, vingt mètres de mèches de chaque numéro, deux grosses de mèches pour lampe à tringle, deux paquets de mèches pour lucerne, trois peaux chamoisées, quatre kilog. de rouge à polir, quatre kilog. de blanc d'Espagne, deux litres d'esprit-de-vin, deux fioles d'huile d'horloger.

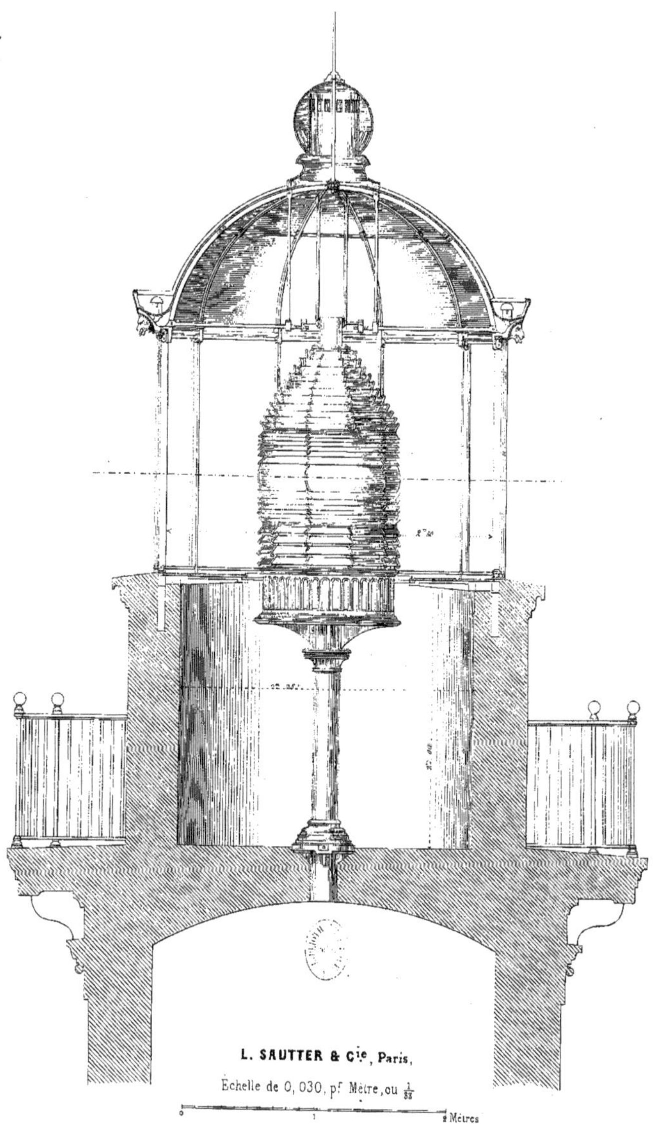
L. SAUTTER & Cie, Paris,
Échelle de 0, 030, pr Mètre, ou 1/33
Mètres

Ferblanterie. Un filtre à huile, un seau en cuivre, un seau en zinc, deux burettes à huile, une pompe en cuivre pour soutirer l'huile, un chauffoir avec sa clef, une boîte de service complète, une boîte à mèches, une boîte double pour le rouge à polir, deux boîtes pour le blanc d'Espagne, une mesure de 250 grammes, un égouttoir, deux calibres pour poser et couper les mèches, une lampe à tringle, une lanterne ordinaire, une lanterne d'allumeur à deux lucernes, deux grattoirs triangulaires.

Outils. Dix limes assorties, un ciseau à bois, un ciseau à froid, deux paires de pinces plates, une paire de pinces coupantes, une paire de pinces à gruger, une paire de tenailles, une clef anglaise, un étau à griffes, un étau à main, deux marteaux emmanchés, trois tournevis assortis, une conscience avec assortiment de forets, un archet-fleuret, quatre mètres de corde métallique, un fil à plomb à toupie, dix manches pour limes, trente feuilles de papier émeri, une paire de ciseaux droits, trois paires de ciseaux courbes, un niveau à bulle d'air droit, un niveau à bulle d'air circulaire, un mètre pliant, une pierre à repasser, un fer à souder.

Brosserie. Deux brosses de boulanger, un grand plumeau, deux petits plumeaux, six brosses d'horloger, douze goupillons queue de rat, deux éponges, six pinceaux assortis, trois goupillons pour les cheminées.

Objets divers. Deux rideaux en coutil, une échelle en chêne, une boîte en chêne à compartiments pour les outils, une pour les accessoires de lampes, une pour les fournitures et objets d'approvisionnement.

(3) LANTERNE.

La lanterne se compose de dix montants en fer forgé, recouverts à l'extérieur de nervures de bronze, reliés par des entre-toises en bronze, et supportant une coupole en cuivre rouge par l'intermédiaire d'arcs, d'entre-toises et de tirants en fer forgé; elle est pourvue d'un paratonnerre en cuivre rouge à pointe de platine, d'un câble de laiton ayant, à moins d'indication spéciale, trente mètres de longueur; de stores intérieurs, de têtes de lion formant gargouilles; elle est vitrée de glaces de 7 à 8 millimètres d'épaisseur. Dans l'intérieur se trouve une galerie de service en fonte, portée sur des corbeaux en fer mortaisés dans les montants, et une échelle de service en fonte pour y monter.

Le prix de 8,500 fr. ne comprend pas *la balustrade extérieure* en fer et en fonte qui est indiquée sur le dessin et dont le prix, comprenant l'emballage, est de 700 fr.

Elle est emballée dans trois caisses pesant environ. . . . . . . 600 k.

Et cubant. . . . . $1^m,20$

Pour les lanternes à murette métallique, voir page 98.

TROISIÈME ORDRE.

Feu fixe éclairant 4/5ᶜˢ d'horizon ou 288 degrés.

PARTIE OPTIQUE.

4 Panneaux catadioptriques supérieurs.	740	2,960	
4 Panneaux dioptriques centraux.	800	3,200	7,860 fr.
4 Panneaux catadioptriques inférieurs.	350	1,400	
1 Réflecteur sphérique en plaqué d'argent.	300	300	

PARTIE MÉCANIQUE.

1 Armature.	1,300	2,500
(1) Lampes à piston et à poids et leurs accessoires.	1,200	

(2) FOURNITURES ACCESSOIRES ET APPROVISIONNEMENTS   900

(3) LANTERNE   8,500

(4) EMBALLAGE.

De l'appareil	330	530
De la lanterne.	200	

Total. . . . .   **20,290** fr.

	Appareil.	Lanterne.
Nombre de caisses.	16	11
Poids des caisses.	2,500 ᵏ	3,000 ᵏ
Cube des caisses	11ᵐ 50	5ᵐ 60

(1) (2) (3) (Voir les notes pages 46 et 47.)

(4) Dans les phares n'éclairant pas tout l'horizon, le poids des caisses se trouve réduit d'environ 100 kilog. et leur cube d'environ 0ᵐ 30 par chaque cinquième d'horizon non éclairé.

Le même, éclairant 3/5ᵉˢ d'horizon, ou 216 degrés.

Prix total . . . .   **18,680** fr.

Le même, éclairant 2/5ᵉˢ d'horizon, ou 144 degrés.

Prix total . . . .   **16,770** fr.

NOTA. Les phares n'éclairant pas tout l'horizon ne diffèrent des autres que par la suppression d'un ou de plusieurs panneaux optiques et l'addition d'un ou de plusieurs réflecteurs en plaqué d'argent.

TROISIÈME ORDRE.

Éclats de minute en minute, feu fixe en haut et en bas, éclairant tout l'horizon, ou 360 degrés.

UNE RÉVOLUTION COMPLÈTE EN HUIT MINUTES.

PÉRIODES D'UNE MINUTE PRÉSENTANT SUCCESSIVEMENT

UN ÉCLAT . . . . . . : *Durée.* . . . . . 8 *secondes.*

Intensité maximum 1000 *becs carcel.*

UNE ÉCLIPSE PARTIELLE : *Durée.* . . . . . 52 *secondes.*

Intensité . . . . . 35 *becs carcel.*

PARTIE OPTIQUE.

5 Panneaux catadioptriques supérieurs	740	3,700
8 Lentilles annulaires mobiles	800	6,400
4 Panneaux catadioptriques inférieurs	350	1,400

11,500 fr.

PARTIE MÉCANIQUE.

(1)(Armature.		2,600
(2) 3 Lampes à piston et à poids et leurs accessoires		1,200
(3) 1 Machine de rotation et ses accessoires.		2,500

6,300

(4) FOURNITURES ACCESSOIRES ET APPROVISIONNEMENTS 900

(5) LANTERNE 8,500

(6) EMBALLAGE :

De l'appareil.	400
De la lanterne.	200

600

Total . . . . **27,800** fr.

	Appareil.	Lanterne.
Nombre des caisses	18	11
Poids des caisses.	3,500 ^{k}	3,000 ^{k}
Cube des caisses	15^{mc} 00	5^{mc} 60

(1) ARMATURE. La partie mobile de l'appareil porte sur des galets en bronze dur, roulant entre deux cercles en acier fondu. Aux clefs et accessoires nécessaires au montage de l'appareil sont joints trois verrins en bronze, servant à le soulever lorsque le chariot a besoin d'être visité et nettoyé. Leur prix est compris dans celui de l'armature.

(2) (Voir la note page 46.)

(3) ACCESSOIRES DE LA MACHINE DE ROTATION. Une manivelle ; un tambour de renvoi ; deux poulies à crochet ; un anneau à scellement ; un poids, sa tige et quatre rondelles du poids de 100 kilog. ; un volant de rechange ; deux clefs pour le montage ; un assortiment de vis de rechange.

(4) (5) (6) (Voir les notes pages 46 et 47).

TROISIÈME ORDRE,

ÉCLATS DE MINUTE EN MINUTE.

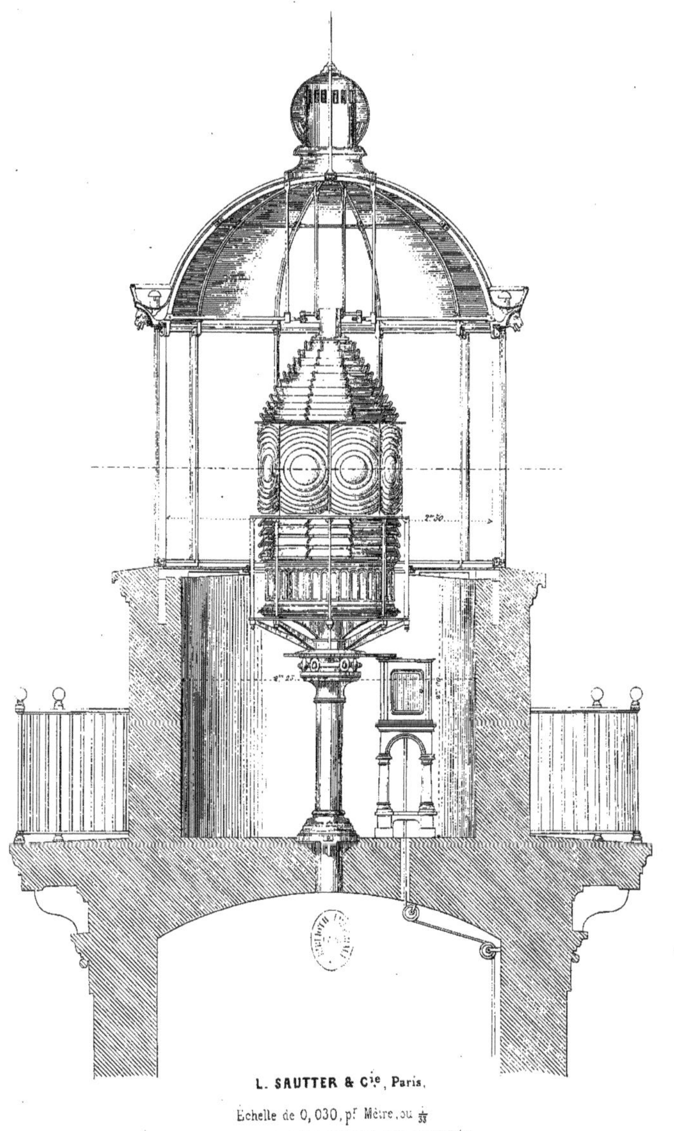

L. SAUTTER & Cie, Paris.

Échelle de 0,030, p.r Mètre, ou 1/33

Le même, éclairant 4/5ᵉˢ d'horizon, ou **288** degrés.

Prix total . . . .   **27,045** fr.

Le même, éclairant 3/5ᵉˢ d'horizon, ou **216** degrés.

Prix total . . . .   **25,940** fr.

Le même, éclairant 2/5ᵉˢ d'horizon, ou **144** degrés.

Prix total . . . .   **24,835** fr.

NOTA. Les appareils n'éclairant pas tout l'horizon ne diffèrent des autres que par la suppression d'un ou de plusieurs panneaux catadioptriques de feu fixe.

Le même, avec éclats rouges.

Ajouter aux prix précédents :

8	Cadres mobiles en bronze pour glaces rouges	25	200
12	Glaces rouges à l'argent, dont 4 de rechange	18	216

416 fr.

Emballage du tout en deux caisses,

Pesant environ . . . . . . 100ᵏ . . . .
Cubant environ . . . . . . 0ᵐᶜ 50 . . . .

25 fr.

Total . . . . **441** fr.

TROISIÈME ORDRE.

Éclats de 30 secondes en 30 secondes, feu fixe en haut et en bas, éclairant tout l'horizon, ou 360 degrés.

UNE RÉVOLUTION COMPLÈTE EN SIX MINUTES.

PÉRIODES DE TRENTE SECONDES, PRÉSENTANT SUCCESSIVEMENT

UN ÉCLAT. . . . . . . : *Durée.* . . . . .   6 *secondes.*

                  Intensité maximum 750 *becs carcel.*

UNE ÉCLIPSE PARTIELLE : *Durée.* . . . . .   24 *secondes.*

                  Intensité. . . . . . 35 *becs carcel.*

PARTIE OPTIQUE.

5 Panneaux catadioptriques supérieurs	740	3,700	
12 Lentilles annulaires mobiles.	550	6,600	11,700 fr.
4 Panneaux catadioptriques inférieurs	350	1,400	

PARTIE MÉCANIQUE.

(1) 1 Armature.	2,600	
(2) 3 Lampes à piston et à poids et leurs accessoires	1,200	6,300
(3) 1 Machine de rotation et ses accessoires.	2,500	

(4) FOURNITURES ACCESSOIRES ET APPROVISIONNEMENTS.	900
(5) LANTERNE	8,500

(6) EMBALLAGE :

De l'appareil.	400	600
De la lanterne.	200	

                         Total . . . . **28,000** fr.

	Appareil.	Lanterne.
Nombre des caisses	18	11
Poids des caisses	3,500 k	3,000 k
Cube des caisses	15ᵐᶜ 00	5ᵐᶜ 60

(1) (2) (3) (4) (5) (6) (Voir les notes pages 50 et 51.)

TROISIÈME ORDRE,
ÉCLATS DE DEMI-MINUTE EN DEMI-MINUTE.

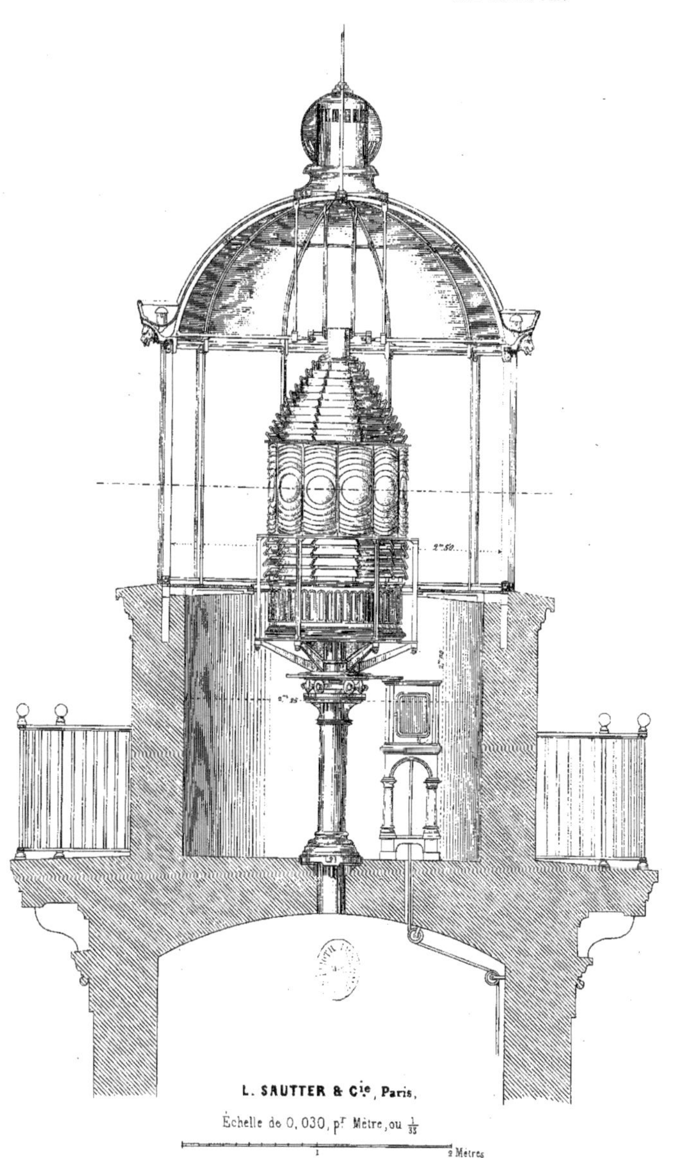

L. SAUTTER & Cⁱᵉ, Paris.

Échelle de 0,030, pʳ Mètre, ou 1/33

1   2 Mètres

Le même, éclairant 4/5ᵉˢ d'horizon, ou 288 degrés.

Prix total . . . .   **27,245** fr.

Le même, éclairant 3/5ᵉˢ d'horizon , ou 216 degrés.

Prix total . . . .   **26,140** fr.

Le même, éclairant 2/5ᵉˢ d'horizon, ou 144 degrés.

Prix total . . . .   **25,035** fr.

NOTA. Les appareils n'éclairant pas tout l'horizon ne diffèrent des autres que par la suppression d'un ou de plusieurs panneaux catadioptriques de feu fixe.

·Le même, avec éclats rouges.

Ajouter aux prix précédents :

12 Cadres mobiles en bronze, pour glaces rouges. . .	23	276	
18 Glaces rouges à l'argent, dont 6 de rechange. . .	15	270	546 fr.
Emballage du tout en deux caisses			30

Pesant environ. . .   100 kilogr.

Cubant environ. . . .   0ᵐᶜ 50

Total. . . . .   **576** fr.

TROISIÈME ORDRE.

Éclats prolongés de minute en minute, feu fixe en bas seulement, éclairant tout l'horizon, ou 360 degrés.

UNE RÉVOLUTION COMPLÈTE EN HUIT MINUTES.

PÉRIODES D'UNE MINUTE CHACUNE PRÉSENTANT SUCCESSIVEMENT :

UN ÉCLAT. . . . . . . : *Durée*. . . . . .   16 *secondes.*

Intensité *maximum*   978 *becs carcel.*

UNE ÉCLIPSE PARTIELLE : *Durée*. . . . . .   44 *secondes.*

Intensité. . . . . .   13 *becs carcel.*

PARTIE OPTIQUE.

8 Panneaux catadioptriques annulaires supérieurs, formant une coupole mobile.	1,000	8,000	
8 Lentilles annulaires mobiles	800	6,400	15,800 fr
4 Panneaux catadioptriques inférieurs	350	1,400	

PARTIE MÉCANIQUE.

(1) 1 Armature.	4,500	
(2) 3 Lampes à piston et à poids et leurs accessoires	1,250	8,750
(3) 1 Machine de rotation et ses accessoires.	3,000	

(4) FOURNITURES ACCESSOIRES ET APPROVISIONNEMENTS. 900

(5) LANTERNE. 8,500

(6) EMBALLAGE :

De l'appareil.	450	
De la lanterne	200	650

Total. . . . . **34,600** fr.

	Appareil.	Lanterne.
Nombre de caisses	20	11
Poids des caisses.	3,700 ᵏ	3,000 ᵏ
Cube des caisses.	16ᵐᶜ 00	5ᵐᶜ 60

(1) *L'armature* de cet appareil diffère de celle des précédents. La cage de la rotation sert de socle à l'appareil, ce qui permet d'augmenter les dimensions du chariot sans encombrer la chambre de service. Ce chariot est du reste, comme les précédents, formé de galets en bronze dur, roulant entre des plans en acier fondu.

(2) (Voir la note page 46.)

TROISIÈME ORDRE,

ÉCLATS PROLONGÉS DE MINUTE EN MINUTE ET FEU FIXE À LA PARTIE INFÉRIEURE.

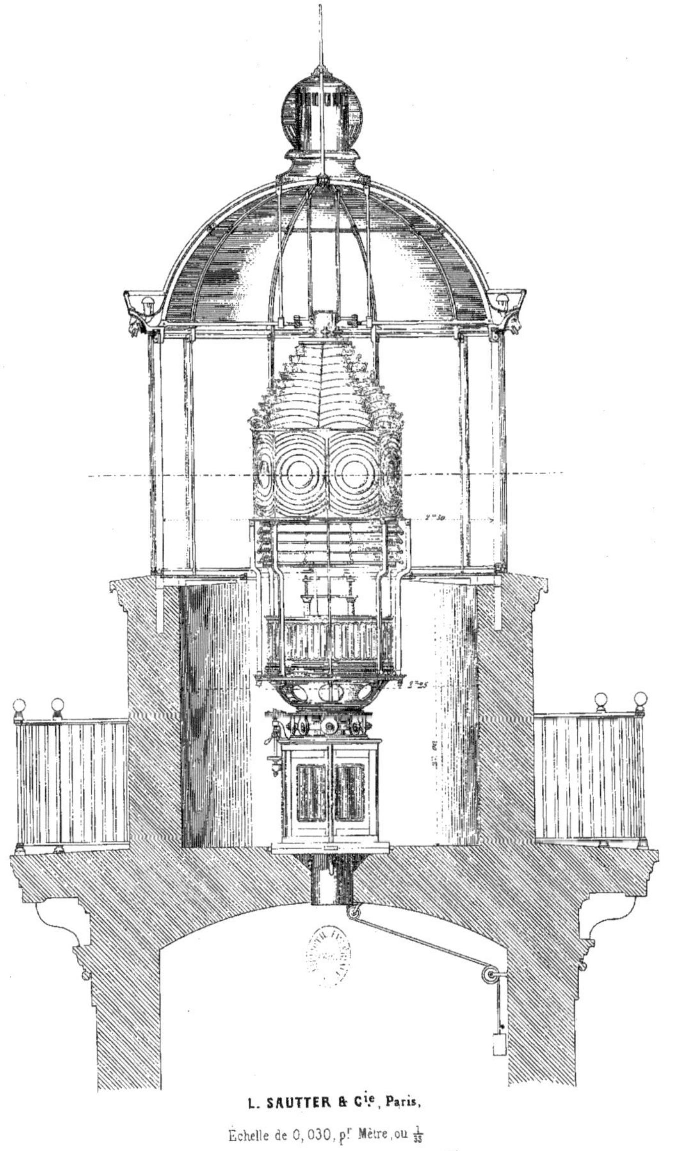

L. SAUTTER & Cie, Paris,

Échelle de 0,030, p^r Mètre, ou $\frac{1}{33}$

Imp. Thierry Frères, à Paris

(3) La *machine de rotation* diffère par ses dimensions de celle des appareils précédents, mais les accessoires en sont les mêmes.

(Voir pour le détail la note page 50.)

(4) (5) (6) (Voir les notes pages 46 et 47.)

———

Le même, éclairant 4/5ᵉˢ d'horizon, ou 288 degrés.

Entièrement semblable au précédent.

Prix total . . . . **34,600** fr.

Le même, éclairant 3/5ᵉˢ d'horizon, ou 216 degrés.

Ne diffère du précédent que par la suppression d'un panneau catadioptrique de la partie inférieure.

Prix total . . . . **34,235** fr.

TROISIÈME ORDRE.

Éclats prolongés de demi-minute en demi-minute , feu fixe en bas seulement, éclairant tout l'horizon, ou 360 degrés.

UNE RÉVOLUTION COMPLÈTE EN HUIT MINUTES.

PÉRIODES D'UNE DEMI-MINUTE CHACUNE PRÉSENTANT SUCCESSIVEMENT :

UN ÉCLAT. . . . . . . : *Durée.* . . . . . .   12 *secondes.*

Intensité maximum 728 *becs carcel.*

UNE ÉCLIPSE PARTIELLE : *Durée.* . . . . . .   18 *secondes.*

Intensité. . . . . .   13 *becs carcel.*

PARTIE OPTIQUE.

12 Panneaux catadioptriques annulaires supérieurs formant une coupole mobile	750	9,000	
12 Lentilles annulaires mobiles.	550	6,600	17,000 fr.
4 Panneaux catadioptriques annulaires inférieurs mobiles.	350	1,400	

PARTIE MÉCANIQUE.

(1) 1 Armature	4,500	
(2) 3 Lampes à piston et à poids, et leurs accessoires.	1,250	8,750
(3) 1 Machine de rotation et ses accessoires.	3,000	

(4) FOURNITURES ACCESSOIRES ET APPROVISIONNEMENTS   900

(5) LANTERNE   8,500

(6) EMBALLAGE :

De l'appareil.	450	
De la lanterne	200	650

Total. . . . . **35,800** fr.

	Appareil.	Lanterne.
Nombre de caisses	20	11
Poids des caisses.	3,700 k	3,000 k
Cube des caisses.	16ᵐᶜ 00	5ᵐᶜ 60

(1) (Voir la note page 54.)

(2) (Voir la note page 46).

(3) (Voir la note page 55).

(4) (5) (6) (Voir les notes pages 46 et 47.)

TROISIÈME ORDRE,

ÉCLATS PROLONGÉS DE DEMI-MINUTE EN DEMI-MINUTE ET FEU FIXE A LA PARTIE INFÉRIEURE

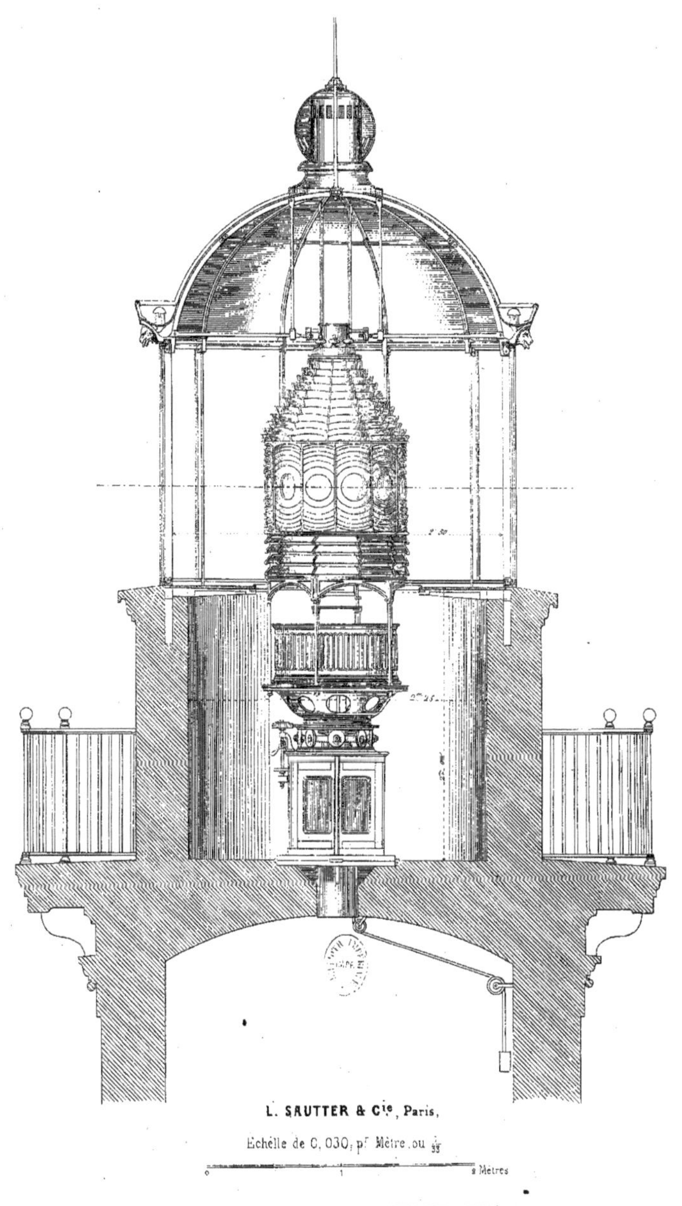

Imp. Thierry Frères, à Paris

Le même, éclairant 4/5ᵉˢ d'horizon, ou 288 degrés.

Entièrement semblable au précédent.

Prix total . . . . **35,800** fr.

Le même, éclairant 3/5 d'horizon, ou 216 degrés.

Ne diffère du précédent que par la suppression d'un panneau catadrioptique de la partie inférieure.

Prix total . . . . **35,435** fr.

TROISIÈME ORDRE.

Éclats prolongés de minute en minute sur toute la hauteur.

UNE RÉVOLUTION COMPLÈTE EN HUIT MINUTES.

PÉRIODES D'UNE MINUTE CHACUNE, PRÉSENTANT SUCCESSIVEMENT

UN ÉCLAT. . . . . . . : *Durée*. . . . . . 24 *secondes*.

Intensité maximum 965 *becs carcel*.

UNE ÉCLIPSE TOTALE. . : *Durée*. . . . . . 36 *secondes*.

PARTIE OPTIQUE.

8 Panneaux catadioptriques annulaires supérieurs, formant une coupole mobile.	1,000	8,000	
8 Lentilles annulaires mobiles	800	6,400	17,200 fr.
7 Panneaux catadioptriques annulaires inférieurs mobiles.	400	2,800	

PARTIE MÉCANIQUE.

(1) 1 Armature.		4,500	
(2) 3 Lampes à piston et à poids, et leurs accessoires.		1,250	8,750
(3) 1 Machine de rotation et ses accessoires.		3,000	

(4) FOURNITURES ACCESSOIRES ET APPROVISIONNEMENTS 900

(5) LANTERNE 8,500

(6) EMBALLAGE :

De l'appareil.	450	
De la lanterne.	200	650

Total. . . . . **36,000** fr.

	Appareil.	Lanterne.
Nombre de caisses.	20	11
Poids des caisses	3,700 ᵏ	3,000 ᵏ
Cube des caisses	16ᵐ 00	5ᵐ 60

(1) (2) (3) (4) (5) (6) (Voir les notes pages 54 et 55.)

Les prix sont les mêmes, quel que soit l'angle d'horizon éclairé.

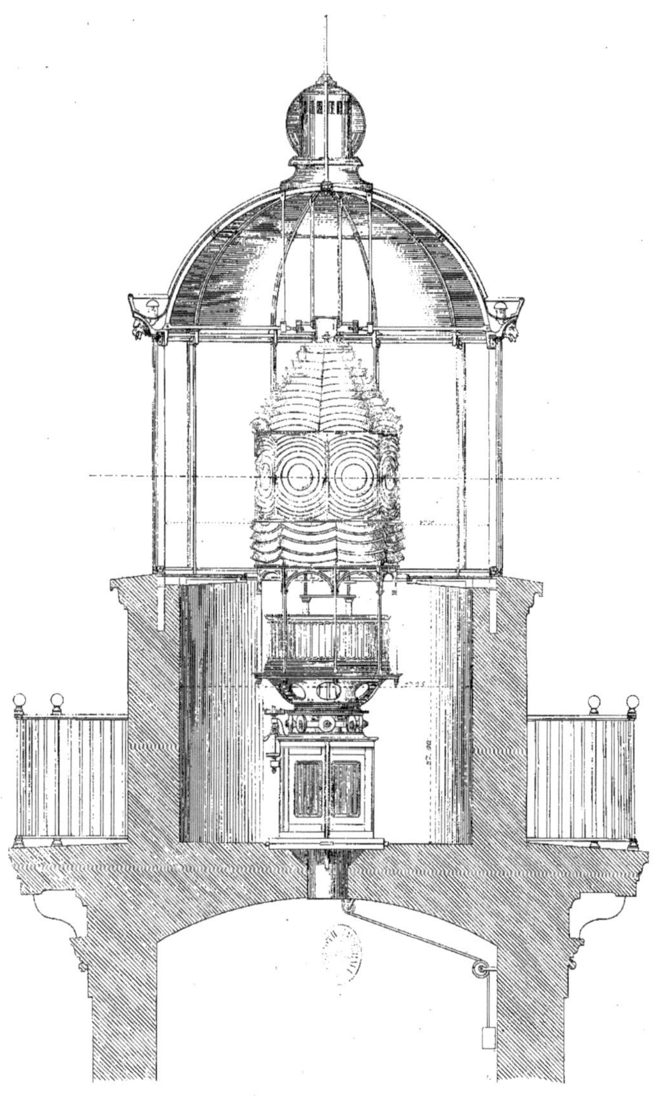

L. SAUTTER & Cie, Paris,

Échelle de 0,030, p^r Mètre, ou $\frac{1}{33}$

2 Mètres

Imp. Thierry Frères, à Paris

TROISIÈME ORDRE.

Éclats prolongés de demi-minute en demi-minute sur toute la hauteur.

UNE RÉVOLUTION COMPLÈTE EN SIX MINUTES.

PÉRIODES D'UNE DEMI-MINUTE CHACUNE, PRÉSENTANT SUCCESSIVEMENT :

UN ÉCLAT. . . . . . . : *Durée.* . . . . . 18 *secondes.*

Intensité maximum 715 *becs carcel.*

UNE ÉCLIPSE PARTIELLE : *Durée.* . . . . . . 12 *secondes.*

PARTIE OPTIQUE.

12 Panneaux catadioptriques annulaires supérieurs, formant une coupole mobile.	750	9,000	
12 Lentilles annulaires mobiles.	550	6,600	18,100 fr.
10 Panneaux catadioptriques annulaires inférieurs mobiles.	250	2,500	

PARTIE MÉCANIQUE.

(1) 1 Armature	4,500	
(2) 3 Lampes à piston et à poids, et leurs accessoires.	1,250	8,750
(3) 1 Machine de rotation et ses accessoires	3,000	

(4) FOURNITURES ACCESSOIRES ET APPROVISIONNEMENTS 900

(5) LANTERNE 8,500

(6) EMBALLAGE :

De l'appareil.	450	
De la lanterne.	200	650

Total . . . . **36,900** fr.

	Appareil.	Lanterne.
Nombre de caisses.	20	11
Poids des caisses.	3,700 ᵏ	3,000 ᵏ
Cube des caisses.	16ᵐ 00	5ᵐ 60

(1) (2) (3) (4) (5) (6) (Voir les notes, pages 54 et 55.)

Les prix sont les mêmes, quel que soit l'angle d'horizon éclairé.

TROISIÈME ORDRE,

ÉCLATS PROLONGÉS DE DEMI-MINUTE EN DEMI-MINUTE.

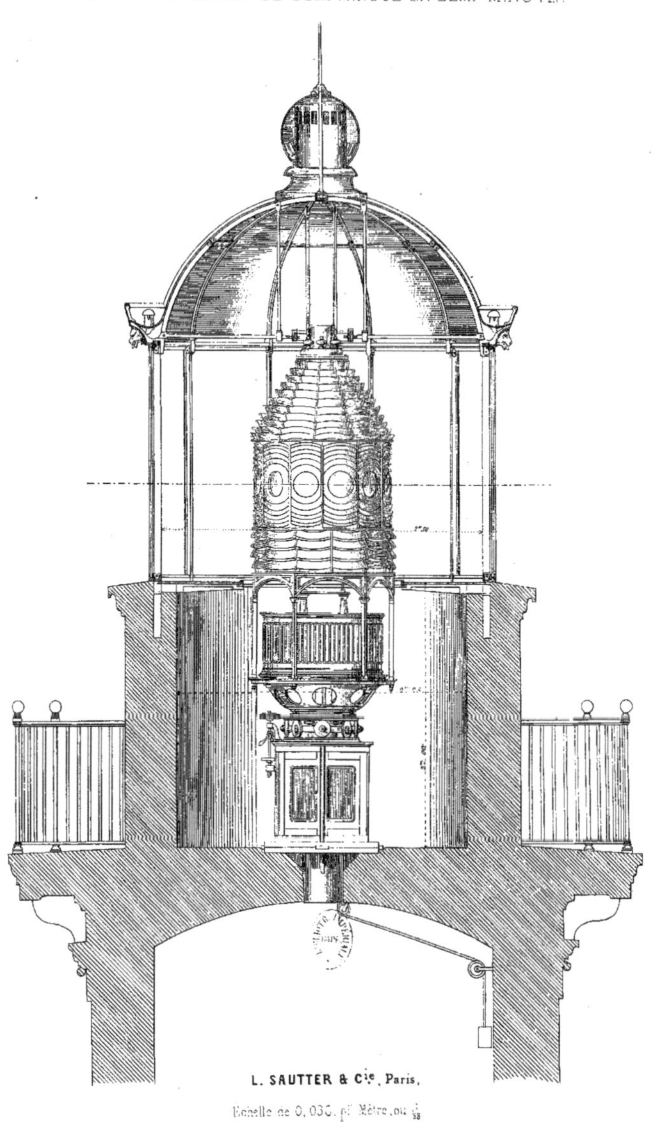

TROISIÈME ORDRE.

Feu fixe varié par des éclats de 2 en 2 minutes éclairant tout l'horizon

ou 360 degrés.

Une révolution complète en six minutes.

Périodes de deux minutes, présentant successivement

Un feu fixe. . . . . . . : *Durée.* . . . . . 76 *secondes.*

Intensité. . . . . 110 *becs carcel.*

Une éclipse partielle : *Durée.* . . . . . . 19 *secondes.*

Intensité. . . . 35 *becs carcel.*

Un éclat . . . . : *Durée.* . . . . . . 6 *secondes.*

Intensité . . . . 635 *becs carcel.*

Une éclipse partielle. . : *Durée.* . . . . . 19 *secondes.*

Intensité. . . . . . 35 *becs carcel.*

Partie optique.

5 Panneaux catadioptriques supérieurs.	740	3,700	
5 Panneaux dioptriques centraux	800	4,000	11,050 fr.
4 Panneaux catadioptriques inférieurs	350	1,400	
3 Lentilles à éléments verticaux	650	1,950	

Partie mécanique.

(1) 1 Armature.	2,600	
(2) 3 Lampes à piston et à poids, et leurs accessoires	1,250	6,350
(3) 1 Machine de rotation et ses accessoires	2,500	

(4) Fournitures accessoires et approvisionnements. 900

(5) Lanterne 8,500

(6) Emballage :

De l'appareil	400	600
De la lanterne	200	

Total. . . . . **27,400** fr.

	Appareil.	Lanterne.
Nombre des caisses	18	11
Poids des caisses.	3,500 ᵏ	3,000 ᵏ
Cube des caisses.	15ᵐ 00	5ᵐ 60

(1) (2) (3) (4) (5) (6) (Voir les notes pages 50 et 51.)

TROISIÈME ORDRE,

FEU FIXE VARIÉ PAR DES ÉCLATS DE 2 MINUTES EN 2 MINUTES.

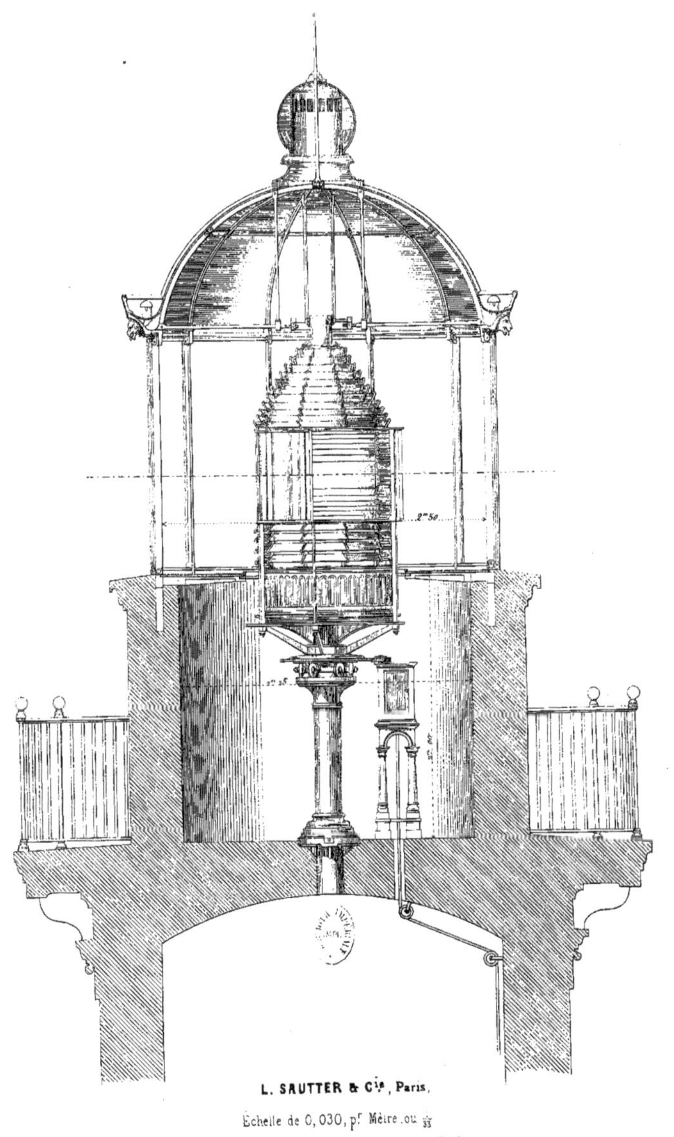

L. SAUTTER & Cⁱᵉ, Paris,

Échelle de 0,030, pᵣ Mètre ou 1/33

Le même, éclairant 4/5ᵉˢ d'horizon ou 288 degrés.

Prix total. . . . . **26,140** fr.

Le même, éclairant 3/5ᵉˢ d'horizon ou 216 degrés.

Prix total. . . . . **24,530** fr.

Le même, éclairant 2/5ᵉˢ d'horizon ou 144 degrés.

Prix total. . . . . **22,620** fr.

NOTA. Les appareils n'éclairant pas tout l'horizon ne diffèrent des autres que par la suppression d'un ou de plusieurs panneaux catadioptriques et leur remplacement par un ou plusieurs réflecteurs en plaqué d'argent.

Le même, avec éclats rouges.

Ajouter aux prix précédents :

3 Cadres mobiles en bronze pour glaces rouges. . .	28	84	⎫
6 Glaces rouges à l'argent, dont 3 de rechange. . .	18	108	⎭ 192 fr.

Emballage du tout en une caisse :

Pesant environ.	80 ᵏ	
Cubant environ.	0ᵐ 40	30
Total		**222** fr.

TROISIÈME ORDRE.

Feu fixe varié par des éclats prolongés de deux en deux minutes, éclairant tout l'horizon ou 360 degrés.

UNE RÉVOLUTION COMPLÈTE EN SIX MINUTES.

PÉRIODES DE DEUX MINUTES PRÉSENTANT SUCCESSIVEMENT :

UN FEU FIXE. . . . . . . : *Durée.*	70	*secondes.*
Intensité.	110	*becs carcel.*
UNE ÉCLIPSE PARTIELLE . : *Durée.*	19	*secondes.*
Intensité.	13	*becs carcel.*
UN ÉCLAT. . . . . . . : *Durée.*	12	*secondes.*
Intensité maximum	613	*becs carcel.*
UNE ÉCLIPSE PARTIELLE . : *Durée.*	19	*secondes.*
Intensité.	13	*becs carcel.*

PARTIE OPTIQUE.

5 Panneaux catadioptriques supérieurs	740	3,700	
5 Panneaux dioptriques centraux	800	4,000	13,000 fr.
4 Panneaux catadioptriques inférieurs	350	1,400	
6 Lentilles à éléments verticaux	650	3,900	

PARTIE MÉCANIQUE.

(1) Armature	2,600	
(2) Lampes à piston et à poids	1,250	6,350
(3) Machine de rotation et ses accessoires	2,500	

4) FOURNITURES ACCESSOIRES ET APPROVISIONNEMENTS	900
(5) LANTERNE	8,500
(6) EMBALLAGE :	

De l'appareil	420	620
De la lanterne	200	

Total . . . . **29,370** fr.

	Appareil.	Lanterne.
Nombre des caisses	19	11
Poids des caisses	3,600 k	3,000 k
Cube des caisses	15ᵐ,20	5ᵐ,60

(1) (2) (3) (4) (5) (6) (Voir les notes pages 50 et 51.)

TROISIEME ORDRE,

FEU FIXE VARIÉ PAR DES ÉCLATS PROLONGÉS DE 2 MINUTES EN 2 MINUTES

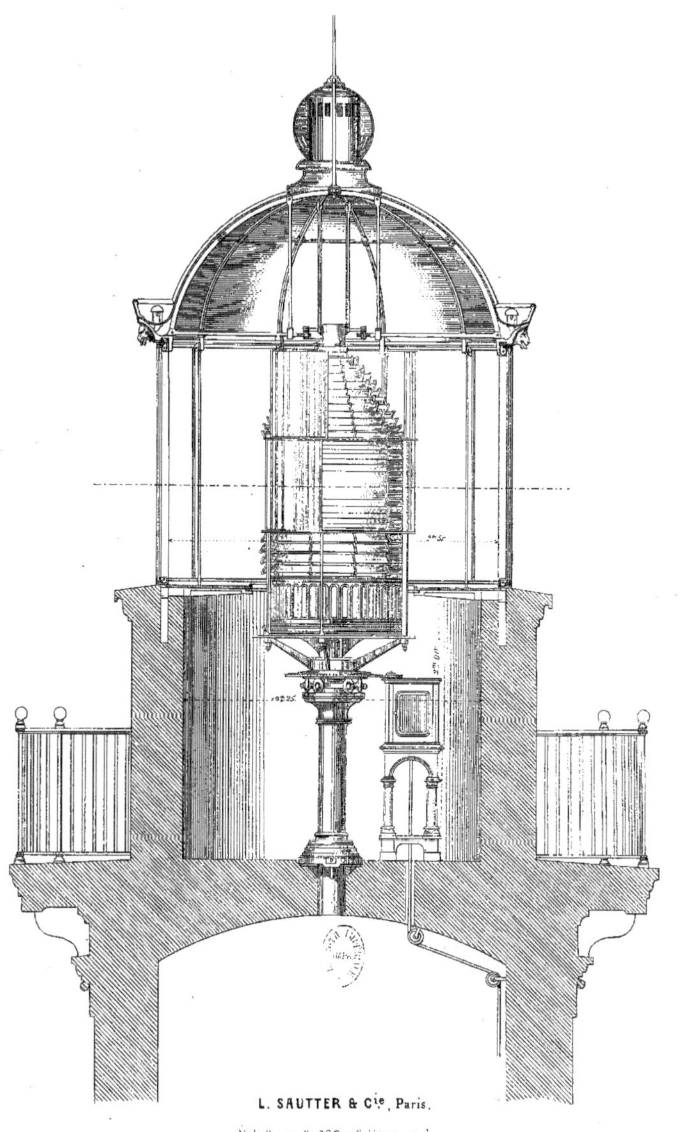

L. SAUTTER & Cⁱᵉ, Paris.

Echelle de 0,030, p᷊ Mètre ou 1/33

Le même éclairant 5/6ᵉˢ d'horizon, ou **300 degrés.**

Prix total . . . . 4 . . **28,110** fr.

Le même, éclairant 3/5ᵉˢ d'horizon, ou **216 degrés**

Prix total . . . . **26,500** fr.

Le même, éclairant 2/5ᵉˢ d'horizon, ou **144 degrés**

Prix total . . . . **24,590** fr.

NOTA. Les appareils n'éclairant pas tout l'horizon ne diffèrent des autres que par la suppression d'un ou de plusieurs panneaux catadioptriques de feu fixe, et leur remplacement par un ou plusieurs réflecteurs en plaqué d'argent.

Le même, avec éclats rouges.

Ajouter aux prix précédents :

6 Cadres mobiles en bronze pour glaces rouges . .	28	168
12 Glaces rouges à l'argent, dont 6 de rechange . . .	18	216

384 fr.

Emballage du tout en deux caisses

Pesant environ . . . . . 150ᵏ. . . . .
Cubant environ . . . . . 0ᵐᶜ80 . . . .

50 fr.

Total . . . . **434** fr.

APPAREILS DE QUATRIÈME ORDRE.

Diamètre intérieur de l'appareil. . . . .   0^m,50

Diamètre intérieur de la lanterne, mesuré entre deux montants opposés. . . . .   1^m,80

Diamètre intérieur de la murette. . . . .   1^m,60

Diamètre extérieur de la murette. . . . .   2^m,10

Hauteur de la murette . . . .   1^m,00

Diamètre extérieur minimum de la corniche, dans le cas d'une balustrade en fonte. . .   3^m,40

Poids approximatif :

        D'un appareil. . . . . de 200 à 300 kil. }   de 900 à 1,000 kil.

        De sa lanterne . . . . 700 kil. }

Consommation d'huile par heure. . . . .   150 grammes.

QUATRIÈME ORDRE.

Feu fixe éclairant tout l'horizon, ou 360 degrés.

PARTIE OPTIQUE COMPLÈTE.		3,000 fr.
PARTIE MÉCANIQUE.		
(1) 1 Candélabre avec table de service.	200	
(2) 3 Lampes à réservoir supérieur.	300	500
(3) FOURNITURES ACCESSOIRES ET APPROVISIONNEMENTS		320
(4) LANTERNE		3,800
(5) EMBALLAGE :		
De l'appareil	80	
De la lanterne	100	180
Total.		**7,800** fr.

	Appareil.	Lanterne.
Nombre des caisses	6	4
Poids des caisses	700 k	1,100 k
Cube des caisses	3^me50	6^me50

(1) Il faut indiquer si le plancher de la chambre de service est en bois ou en pierre. La colonne se fixant dans le premier cas à l'aide de vis, et dans le second cas à l'aide d'un plateau à scellement.

(2) Les LAMPES se composent de deux réservoirs supérieurs dont un de rechange, de deux tubes conducteurs à raccord pourvus d'un robinet, de trois seaux portant chacun un régulateur à soupape conique, et un bec, de trois becs de rechange, d'un trop-plein en fer-blanc s'accrochant sous la table de service, d'un bouchon pour centrer les becs.

Ces lampes sont à deux mèches. Elles pourraient, si on le désirait, être remplacées par des lampes à une mèche à niveau constant, consommant environ moitié moins d'huile, mais éclairant à proportion. Le prix en serait alors de 150 fr.

(3) FOURNITURES ACCESSOIRES ET APPROVISIONNEMENTS.

Approvisionnements. Cent cheminées de cristal, vingt mètres de mèches de chaque numéro, deux paquets de mèches pour lanterne d'allumeur, un kilog. de rouge à polir, un kilog. de blanc en pain, un litre d'esprit-de-vin.

Ferblanterie. Une pompe à soutirer l'huile, un filtre, une boîte de service, un grattoir triangulaire, deux seaux en cuivre, un égouttoir, une lanterne à une lucerne. Une boîte pour le rouge, deux boîtes pour le blanc, une burette pour l'huile, deux mandrins pour poser les mèches.

Outils. Une pince à gruger, deux paires de ciseaux courbes, un tournevis, un marteau emmanché, une clef anglaise, une paire de pinces plates, une paire de pinces coupantes, un niveau à bulle d'air.

QUATRIÈME ORDRE

FEU FIXE.

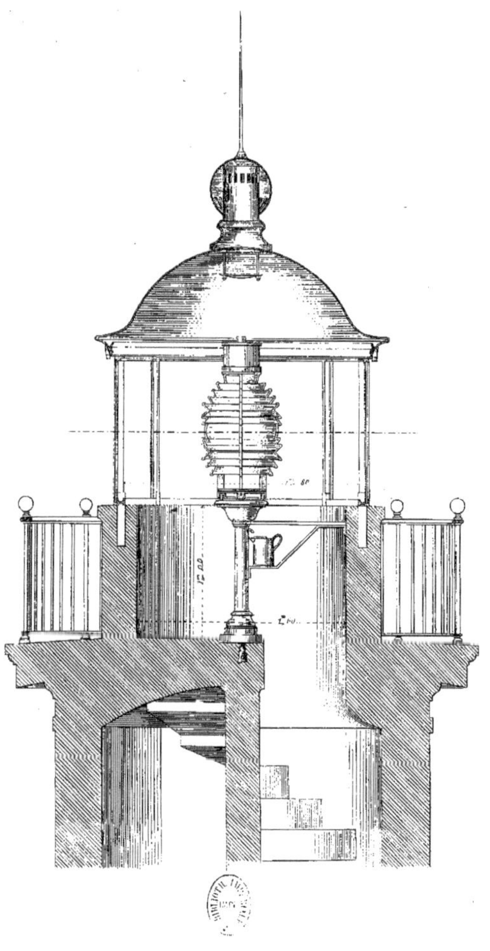

L. SAUTTER & Cie. Paris.

Échelle de 0,030, p.r Mètre, ou $\frac{1}{33}$

Brosserie. Six goupillons queue de rat, deux goupillons pour les cheminées, deux pinceaux pour le rouge à polir, deux plumeaux, deux peaux chamoisées, deux brosses d'horloger, deux brosses de boulanger.

Objets divers. Une enveloppe pour couvrir l'appareil. Une boîte en chêne à compartiments renfermant les outils et une partie des fournitures accessoires.

Dans le cas où les lampes à réservoirs supérieurs et à doubles mèches seraient remplacées par des lampes à niveau constant et à une mèche, la valeur des fournitures accessoires et approvisionnements se trouverait réduite de 60 fr. par la diminution de valeur des cheminées et des mèches.

(4) Lanterne.

La lanterne se compose de huit montants en bronze, reliés par des entretoises en bronze et supportant une coupole en cuivre rouge. Il n'entre pas de fer dans sa construction. Elle est pourvue d'un paratonnerre à pointe de platine, d'un câble en fil de cuivre ayant, à moins d'indication spéciale, trente mètres de longueur. Elle est vitrée de glaces de 7 à 8 millimètres d'épaisseur.

Le prix de 3,800 fr. ne comprend pas *la balustrade extérieure* en fer et en fonte. qui est indiquée sur le dessin et dont le prix, comprenant l'emballage, est de 500 fr.

Elle est emballée dans trois caisses pesant environ . . . . . . 500 k.

Et cubant. . . . . 0^{mc},50

Pour les lanternes à murette métallique, voir page 98.

(5) Emballage.

L'emballage est fait avec beaucoup de soin, comme il convient pour un voyage au delà des mers. Toutes les caisses de verre ou autres objets fragiles sont en contre-caisse; tous les objets craignant l'humidité sont mis en gras.

Le même, éclairant 5/6" d'horizon, ou **300** degrés.

Partie optique complète . . . . 2,800 fr.

Le reste comme à l'appareil précédent . . . . 4,800 fr.

Total . . . . **7,600** fr.

Le même, éclairant 3/4 d'horizon, ou **270** degrés.

Partie optique complète . . . . 2,420 fr.

Le reste comme à l'appareil précédent . . . . 4,800 fr.

Total . . . . **7,220** fr.

Le même, éclairant 1/2 d'horizon, ou **180** degrés.

Partie optique complète . . . . 1840 fr.

Le reste comme à l'appareil précédent . . . . 4800 fr.

Total. . . . . **6,640** fr.

Le même, éclairant 1/4 d'horizon, ou **90** degrés.

Partie optique complète. . . . . 1,200 fr.

Le reste comme à l'appareil précédent . . . . 4,800 fr

Total . . . . **6,000** fr.

Feu fixe rouge.

Ajouter aux prix précédents :

Six manchons rouges colorés à l'or, dont cinq de rechange, pourvus des galeries nécessaires pour les fixer sur les becs. . . . . **150** fr.

QUATRIÈME ORDRE.

Éclats prolongés de minute en minute, feu fixe en haut seulement.

UNE RÉVOLUTION COMPLÈTE EN SIX MINUTES.

PÉRIODES D'UNE MINUTE PRÉSENTANT SUCCESSIVEMENT

(1) UN ÉCLAT. . . . . . . : *Durée.* . . . . . 19 *secondes.*

Intensité maximum 210 *becs carcel.*

UNE ÉCLIPSE PARTIELLE : *Durée.* . . . . . 41 *secondes.*

Intensité . . . . . 13 *becs carcel.*

PARTIE OPTIQUE COMPLÈTE	4,000 fr.
PARTIE MÉCANIQUE.	

(2) 1 Armature tournante avec colonne fixe, pourvue de sa table de service . . . . 1,000 ⎞
(3) 3 Lampes à réservoir supérieur . . . . 300 ⎬ 2,200
(4) 1 Machine de rotation et ses accessoires. . . . . 900 ⎠

(5) FOURNITURES ACCESSOIRES ET APPROVISIONNEMENTS	320
(6) LANTERNE	3,800
(7) EMBALLAGE :	

De l'appareil. . . . . 150 ⎞
De la lanterne . . . . 100 ⎠ 250

Total . . . . **10,570** fr.

	Appareil.	Lanterne.
Nombre des caisses	9	4
Poids des caisses.	1,000 ᵏ	1,100 ᵏ
Cube des caisses	4ᵐᶜ50	6ᵐᶜ50

(1) Par suite d'une disposition particulière de la partie optique, l'éclat se trouve prolongé ; c'est-à-dire qu'au lieu d'éclairer un angle de 9 degrés, il en éclaire un de 19. Cette augmentation d'amplitude et par conséquent de durée est naturellement achetée par une réduction dans l'intensité de l'éclat. Si l'on préférait qu'il fût plus court et plus vif, on reviendrait à l'ancienne disposition, qui lui donne une durée de 9 secondes et un éclat maximum de 350 becs carcel.

(2) L'appareil tout entier est mobile ; il est porté sur un plateau tournant sur pivot. L'armature comprend la fourniture d'un pivot en acier, d'une crapaudine et d'une bague de rechange.

(3) (Voir la note page 68.)

(4) ACCESSOIRES DE LA MACHINE DE ROTATION. Une manivelle ; un tambour de renvoi ; deux poulies de renvoi ; un anneau à scellement ; un poids, sa tige et quatre rondelles, du poids total de 60 kilogrammes ; un assortiment de vis de rechange.

(5) (6) (7) (Voir les notes pages 68 et 69.)

Le prix de l'appareil est le même, quel que soit l'angle d'horizon éclairé.

QUATRIÈME ORDRE

ÉCLATS DE MINUTE EN MINUTE ET FEU FIXE A LA PARTIE SUPÉRIEURE

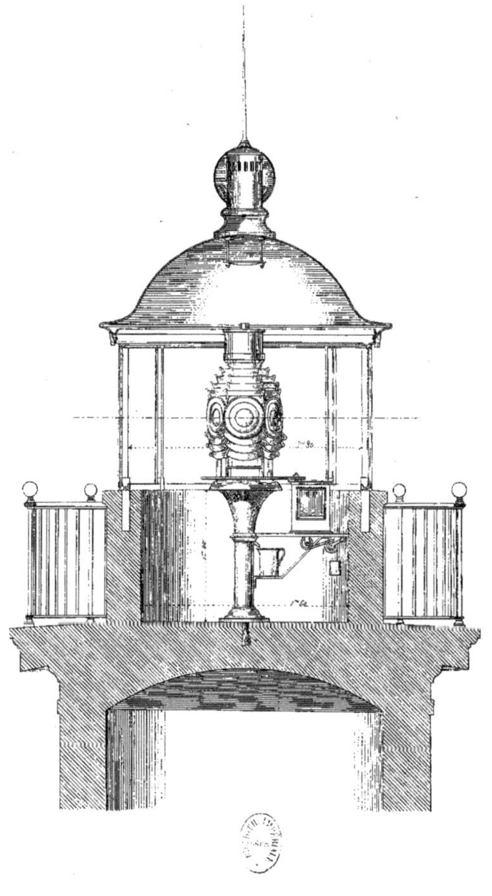

L. SAUTTER & Cie, Paris.

Échelle de 0,030 p. Mètre ou $\frac{1}{33}$

à Mètres

Le même, avec éclats rouges.

Ajouter aux prix précédents :

6 Manchons rouges colorés à l'or, dont cinq de rechange, pourvus des galeries
nécessaires pour les fixer sur les becs . . . . **150** fr.

Le même, avec éclats alternativement blancs et rouges.

Ajouter aux prix précédents :

3 Cadres mobiles en bronze pour glaces rouges	35	105	195 fr.
6 Glaces rouges à l'argent, dont 4 de rechange	15	90	
Emballage du tout en deux caisses,			
Pesant environ . . . . . 30^k			20 fr.
Cubant environ . . . . . 0^{mc} 20.			
Total.			**215** fr.

QUATRIÈME ORDRE.

Éclats de trente secondes en trente secondes, feu fixe en haut seulement.

UNE RÉVOLUTION COMPLÈTE EN SIX MINUTES.

PÉRIODES DE 30 SECONDES CHACUNE PRÉSENTANT SUCCESSIVEMENT :

(1) UN ÉCLAT . . . . : *Durée* . . . . . . 9 *secondes.*

Intensité maximum 175 *becs carcel.*

UNE ÉCLIPSE PARTIELLE : *Durée* . . . . . . 21 *secondes.*

Intensité . . . . . 13 *becs carcel.*

PARTIE OPTIQUE COMPLÈTE	5,000 fr.
PARTIE MÉCANIQUE.	
(2) 1 Armature tournante avec colonne fixe, pourvue de sa table de service 1,000	
(3) 3 Lampes à réservoir supérieur 300	2,200
(4) 1 Machine de rotation et ses accessoires 900	
(5) FOURNITURES ACCESSOIRES ET APPROVISIONNEMENTS	320
(6) LANTERNE	3,800
(7) EMBALLAGE :	
De l'appareil 150	250
De la lanterne 100	
Total	**11,570** fr.

	Appareil.	Lanterne.
Nombre de caisses	9	4
Poids des caisses	1,000 k	1,100 k
Cube des caisses	4^{mc}50	6^{mc}50

(1) On pourrait, en doublant la vitesse de la machine de rotation, faire produire à l'appareil des éclats de 15 secondes en 15 secondes. La durée des éclats serait dans ce cas de 4 secondes 1/2, celle des éclipses partielles de 10 secondes 1/2.

(2) (3) (4) (5) (6) (7) (Voir les notes pages 70 et 71.)

Le prix de l'appareil est le même quel que soit l'angle d'horizon éclairé.

QUATRIÈME ORDRE

ÉCLATS DE ½ MINUTE EN ½ MINUTE ET FEU FIXE À LA PARTIE SUPÉRIEURE.

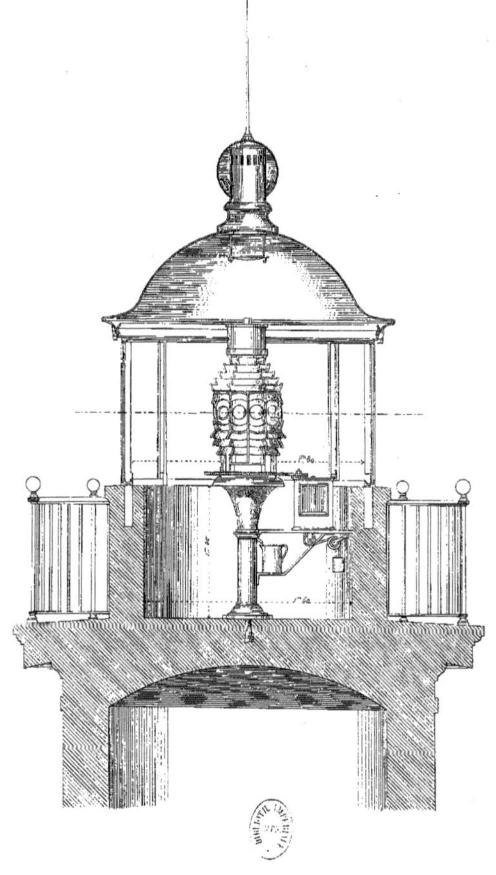

L. SAUTTER & Cⁱᵉ, Paris,

Échelle de 0,030 pᵣ Mètre, ou $\frac{1}{33}$

Le même, avec éclats rouges.

Ajouter aux prix précédents :

6 manchons rouges colorés à l'or , dont cinq de rechange, pourvus des galeries
nécessaires pour les fixer sur les becs. . . . . **150** fr.

Le même , avec éclats alternativement blancs et rouges.

Ajouter aux prix précédents :

6 Cadres mobiles pour glaces rouges.	35	210	
12 Glaces rouges à l'argent, dont 6 de rechange. . .	10	120	330 fr.
Emballage du tout en une caisse,			
Pesant environ. . . . 40^k			
Cubant environ. . . . 0^{mc}50			20 fr.
Total.			**350** fr.

QUATRIÈME ORDRE.

Éclats prolongés de minute en minute sur toute la hauteur.

UNE RÉVOLUTION COMPLÈTE EN SIX MINUTES.

PÉRIODES D'UNE MINUTE CHACUNE, PRÉSENTANT SUCCESSIVEMENT

(1) UN ÉCLAT. . . . . : *Durée.* . . . . . . 19 *secondes.*

Intensité maximum 350 *becs carcel.*

UNE ÉCLIPSE TOTALE. . . : *Durée.* . . . . . . 41 *secondes.*

Intensité 0

PARTIE OPTIQUE COMPLÈTE 4,000

PARTIE MÉCANIQUE.

(2) 1 Armature tournante avec colonne fixe, pourvue de sa table de
service . . . . 1,000 }
(3) 3 Lampes à réservoir supérieur. . . . . 300 } 2,200
(4) 1 Machine de rotation et ses accessoires . . . . 900 }

(5) FOURNITURES ACCESSOIRES ET APPROVISIONNEMENTS 320

(6) LANTERNE 3,800

(7) EMBALLAGE :

De l'appareil . . . . 150 }
De la lanterne. . . . . 100 } 250

Total. . . . . **10,570** fr.

	Appareil.	Lanterne.
Nombre de caisses.	9	4
Poids des caisses	1,000 k	1,100 k
Cube des caisses	4^{mc}50	6^{mc}50

(1) Voir la note page 70. Si l'on préférait que l'éclat fût plus court et plus vif, on reviendrait à l'ancienne disposition qui lui donne une durée de 9 secondes et un éclat maximum de 480 becs carcel.

(2) (3) (4) (5) (6) (7) (Voir les notes page 70.)

Le prix de l'appareil est le même, quel que soit l'angle d'horizon éclairé.

QUATRIÈME ORDRE

ÉCLATS DE MINUTE EN MINUTE

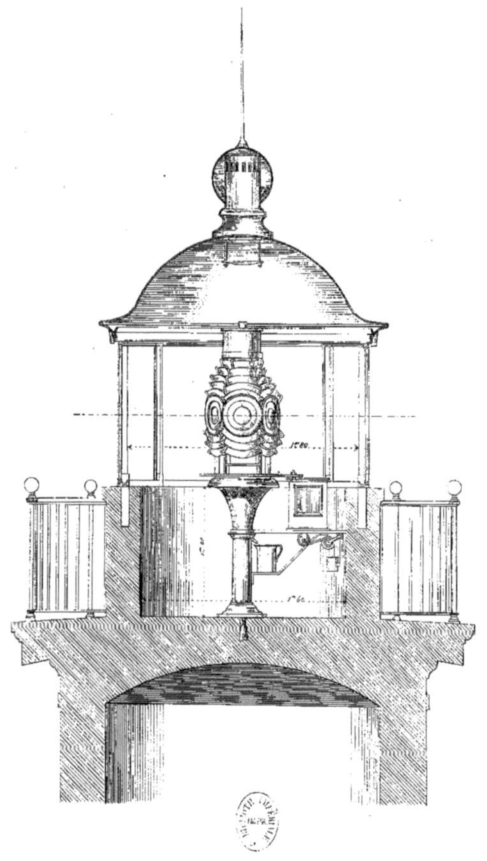

L. SAUTTER & Cie, Paris.

Échelle de 0, 030, p.r Mètre, ou 1/33.

0   1   9 Mètres

Le même, avec éclats rouges.

Ajouter aux prix précédents :

    6 manchons rouges colorés à l'or, dont cinq de rechange, pourvus des galeries
nécessaires pour les fixer sur les becs. . . . . **150** fr.

Le même, avec éclats alternativement blancs et rouges.

Ajouter aux prix précédents :

3 Cadres mobiles en bronze pour glaces rouges. . .	35	105
6 Glaces rouges à l'argent, dont 3 de rechange. . .	15	90

                                             195 fr.

Emballage du tout en une caisse :

        Pesant environ. . . . . . . 40 ^{k}

        Cubant environ. . . . . . . 0^m 20   20

                    Total . . . . **215** fr.

QUATRIÈME ORDRE.

Éclats de 30 secondes en 30 secondes sur toute la hauteur.

UNE RÉVOLUTION COMPLÈTE EN SIX MINUTES.

PÉRIODES DE TRENTE SECONDES, PRÉSENTANT SUCCESSIVEMENT :

(1) UN ÉCLAT. . . . . . : *Durée.* . . . . .   9 *secondes.*

Intensité maximum   250 *becs carcel.*

UNE ÉCLIPSE TOTALE : *Durée* . . . . . .   21 *secondes.*

Intensité   0

PARTIE OPTIQUE . . . .   5,000 fr.

PARTIE MÉCANIQUE.

    (2) 1 Armature tournante avec colonne fixe, pourvue de sa table de

        service.   1,000

    (3) 3 Lampes à réservoir supérieur   300   2,200

    (4) 1 Machine de rotation et ses accessoires   900

(5) FOURNITURES ACCESSOIRES ET APPROVISIONNEMENTS   320

(6) LANTERNE   3,800

(7) ÉMBALLAGE :

    De l'appareil   150

    De la lanterne.   100   250

Total . . . .   **11,570** fr.

	Appareil.	Lanterne.
Nombre de caisses.	9	4
Poids des caisses.	1,000 ^{k}	1,100 ^{k}
Cube des caisses.	4^{mc} 50	6^{mc} 50

(1) (Voir la note page 72.)

(2) (3) (4) (5) (6) (7) (Voir les notes, page 70.)

Le prix de l'appareil est le même, quel que soit l'angle d'horizon éclairé.

QUATRIÈME ORDRE

ÉCLATS DE ½ MINUTE EN ½ MINUTE

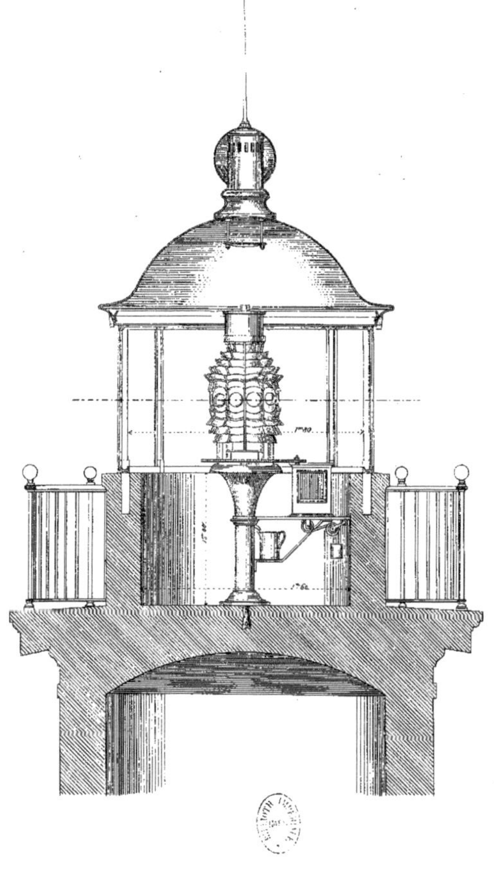

L. SAUTTER & Cⁱᵉ, Paris,

Échelle de 0, 030, pᴿ Mètre, ou $\frac{1}{33}$

Le même, avec éclats rouges.

Ajouter aux prix précédents :

     6 Manchons rouges colorés à l'or, dont cinq de rechange, pourvus des galeries
nécessaires pour les fixer sur les becs . . . . **150** fr.

Le même, avec éclats alternativement blancs et rouges.

Ajouter aux prix précédents :

6 Cadres mobiles pour les glaces rouges	35	210		330 fr.
12 Glaces rouges à l'argent, dont six de rechange . . .	10	120		
Emballage du tout en une caisse				
Pesant environ . . . . . 40ᵏ.				20
Cubant environ. 0ᵐᶜ 20				

               Total. . . . . **350** fr.

QUATRIÈME ORDRE.

Feu fixe varié par des éclats de deux en deux minutes.

(1) UNE RÉVOLUTION COMPLÈTE EN SIX MINUTES.

PÉRIODES DE DEUX MINUTES, PRÉSENTANT SUCCESSIVEMENT :

UN FEU FIXE . . . . . . : *Durée* . . . . . . 90 *secondes.*

Intensité . . . . . 60 *becs carcel.*

UNE ÉCLIPSE TOTALE . . : *Durée* . . . . 10 *secondes* 1/2.

UN ÉCLAT . . . . : *Durée* . . . . . . 9 *secondes.*

Intensité maximum 250 *becs carcel.*

UNE ÉCLIPSE TOTALE . . : *Durée* . . . . . . 10 *secondes* 1/2.

PARTIE OPTIQUE COMPLÈTE		4,000 fr.

PARTIE MÉCANIQUE.

    (2) 1 Armature tournante avec colonne fixe, pourvue de sa table de service 1,000

    (3) 3 Lampes à réservoir supérieur 300   2,200

    (4) 1 Machine de rotation et ses accessoires 900

(5) FOURNITURES ACCESSOIRES ET APPROVISIONNEMENTS 320

(6) LANTERNE 3,800

(7) EMBALLAGE :

    De l'appareil 150   250

    De la lanterne 100

                         Total . . . . **10,570** fr.

	Appareil.	Lanterne.
Nombre des caisses	9	4
Poids des caisses	1,000^k	1,100^k
Cube des caisses	4^{mc} 50	6^{mc} 50

(1) On pourrait, en doublant la vitesse de la machine de rotation, faire produire à l'appareil des éclats de minute en minute; la durée des éclats serait, dans ce cas, de 4 secondes 1/2,

        celle des éclipses totales, de 5 secondes 1/4.

        celle du feu fixe,   de 45 secondes.

(2) (3) (4) (5) (6) (7) (Voir les notes page 70.)

Le prix de l'appareil est le même, quel que soit l'angle d'horizon éclairé.

QUATRIÈME ORDRE
FEU FIXE VARIÉ PAR DES ÉCLATS DE 2 MINUTES EN 2 MINUTES

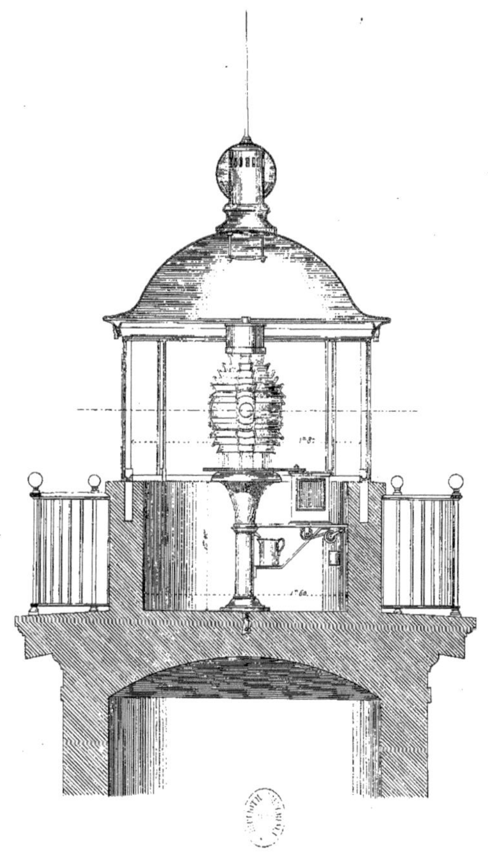

L. **SAUTTER & Cie**, Paris.

Échelle de 0,030, pr Mètre ou 1/33

Feu fixe blanc varié par des éclats rouges.

Ajouter aux prix précédents :

3 Cadres mobiles pour les glaces rouges	35	105
6 Glaces rouges à l'argent, dont six de rechange	10	60

165 fr.

Emballage du tout en une caisse,

Pesant environ. . . . 20^k . . . .

Cubant environ. . . . $0^{mc}30$ . . . .

20 fr.

Total. . . . . **185** fr.

APPAREILS DE CINQUIÈME ORDRE.

Diamètre intérieur de l'appareil . . . . 0^m,375

Diamètre intérieur de la lanterne, mesuré entre deux montants opposés . . . . 1^m,60

Diamètre intérieur de la murette. . . . . 1^m,40

Diamètre extérieur de la murette . . . . 1^m,90

Hauteur de la murette. . . . . 1^m,00

Diamètre extérieur minimum de la corniche, dans le cas d'une balustrade en fonte . . 3^m,20

Poids approximatif :

        D'un appareil . . . . de 120 à 200 kil.

        De sa lanterne . . . . 600 kil. } de 720 à 800 kilog.

Consommation d'huile par heure . . . . 90 grammes.

CINQUIÈME ORDRE.

Feu fixe éclairant tout l'horizon, ou 360 degrés.

PARTIE OPTIQUE COMPLÈTE		1,800 fr
PARTIE MÉCANIQUE.		
(1) 1 Candélabre avec table de service	200	
(2) 3 Lampes à niveau constant avec becs de rechange.	180	380 fr.
(3) FOURNITURES ACCESSOIRES ET APPROVISIONNEMENTS.		260
(4) LANTERNE.		3,400
(5) EMBALLAGE :		
De l'appareil.	70	
De la lanterne	90	160
TOTAL.		**6,000** fr.

	Appareil.	Lanterne.
Nombre des caisses.	5	4
Poids des caisses.	650 ^{k}	850 ^{k}
Cube des caisses.	3^m,00	5^m,00

(1) Il faut indiquer si le plancher de la chambre de service est en bois ou en pierre, la colonne se fixant dans le premier cas à l'aide de vis, et dans le second cas à l'aide d'un plateau à scellement.

(2) Ces lampes s'accrochent extérieurement à l'appareil; chacune d'elles est pourvue d'un bec de rechange et d'un entonnoir pour verser l'huile.

(3) FOURNITURES ACCESSOIRES ET APPROVISIONNEMENTS.

Approvisionnements. Cent cheminées de cristal, vingt mètres de mèches, deux paquets de mèches pour lanterne d'allumeur, un kilog. de rouge à polir, un kilog. de blanc en pain, un litre d'esprit-de-vin.

Ferblanterie. Une pompe à soutirer l'huile, un filtre, une boîte de service, un grattoir triangulaire, deux seaux en cuivre, un égouttoir, une lanterne à une lucerne. Une boîte pour le rouge, deux boîtes pour le blanc, une burette pour l'huile, deux mandrins pour poser les mèches.

Outils. Une pince à gruger, deux paires de ciseaux courbes, un tournevis, un marteau emmanché, une clef anglaise, une paire de pinces plates, une paire de pinces coupantes, un niveau à bulle d'air.

Brosserie. Six goupillons queue de rat, deux goupillons pour les cheminées, deux pinceaux pour le rouge à polir, deux plumeaux, deux peaux chamoisées, deux brosses d'horloger, deux brosses de boulanger.

Objets divers. Une enveloppe pour couvrir l'appareil. Une boîte en chêne à compartiment renfermant les outils et une partie des fournitures accessoires.

CINQUIÈME ORDRE

FEU FIXE.

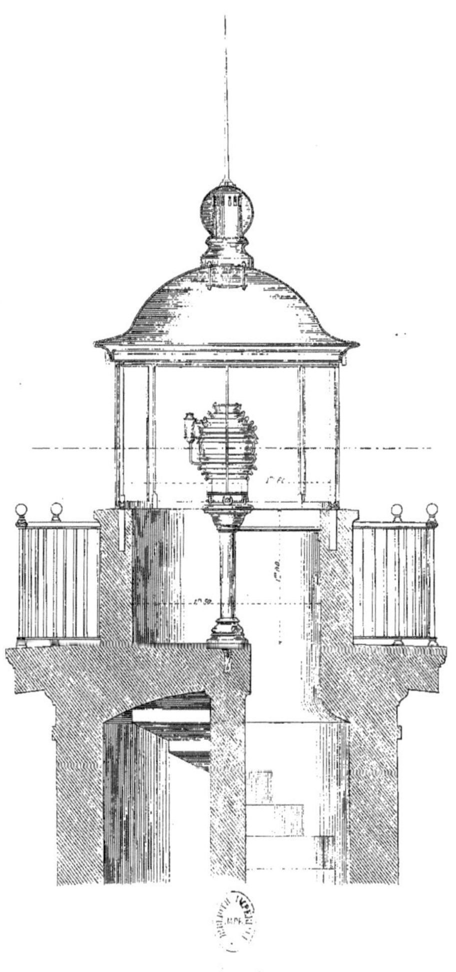

L. SAUTTER & Cie, Paris.

Échelle de 0,030, p^r Mètre, ou $\frac{1}{33}$

(4) Lanterne.

La lanterne se compose de huit montants en bronze, reliés par des entretoises en bronze et supportant une coupole en cuivre rouge. Il n'entre pas de fer dans sa construction. Elle est pourvue d'un paratonnerre à pointe de platine, d'un câble en fil de cuivre, ayant, à moins d'indication spéciale, vingt mètres de longueur. Elle est vitrée de glaces de sept à huit millimètres d'épaisseur.

Le prix de 3,400 fr. ne comprend pas la *balustrade extérieure* en fer et en fonte, qui est indiquée sur le dessin et dont le prix, comprenant l'emballage, est de 450 fr.

> Elle est emballée dans deux caisses pesant environ. . . . . 450 kil.
>
> Et cubant environ. . . . . 0^{mc},50

Pour les lanternes à murette métallique, voir page 98.

(5) Emballage.

L'emballage est fait avec beaucoup de soin, comme il convient pour un voyage au delà des mers. Toutes les caisses de verre ou autres objets fragiles sont en contre-caisse; tous les objets craignant l'humidité sont mis en gras.

Le même, éclairant 5/6es d'horizon, ou 300 degrés.

Partie optique complète	1,600 fr.
Le reste comme à l'appareil précédent	4,200
Total.	**5,800** fr.

Le même, éclairant 3/4 d'horizon, ou 270 degrés.

Partie optique complète	1,400 fr.
Le reste comme à l'appareil précédent	4,200
Total.	**5,600** fr.

Le même, éclairant 1/2 d'horizon, ou 180 degrés.

Partie optique complète	1,100 fr.
Le reste comme à l'appareil précédent	4,200
Total.	**5,300** fr.

Le même, éclairant 1/4 d'horizon, ou 90 degrés.

Partie optique complète.	800 fr.
Le reste comme à l'appareil précédent.	4,200
Total.	**5,000** fr.

Feu fixe rouge.

Ajouter aux prix précédents :

> Six manchons rouges colorés à l'or, dont cinq de rechange, pourvus des galeries nécessaires pour les fixer sur les becs . . . . **120** fr.

CINQUIÈME ORDRE.

Feu fixe varié par des éclats de 3 en 3 minutes éclairant tout l'horizon, ou 360 degrés.

UNE RÉVOLUTION COMPLÈTE EN SIX MINUTES.

PÉRIODES DE TROIS MINUTES, PRÉSENTANT SUCCESSIVEMENT

UN FEU FIXE . . . . . . : *Durée.*	132	*secondes.*
	Intensité.	15	*becs carcel.*
UNE ÉCLIPSE TOTALE . . : *Durée.*	21	*secondes.*
UN ÉCLAT . . . . : *Durée.*	6	*secondes.*
	Intensité.	120	*becs carcel.*
UNE ÉCLIPSE TOTALE . . . : *Durée.*	21	*secondes.*

PARTIE OPTIQUE.

1 Appareil à feu fixe, éclairant tout l'horizon.	1,800	
2 Lentilles à éléments verticaux pour les éclats. 250	500	2,300 fr.

PARTIE MÉCANIQUE.

(1) 1 Colonne avec chariot pour les lentilles mobiles	900	
(2) 3 Lampes à niveau constant, avec becs de rechange. . . 60	180	1,980
(3) 1 Machine de rotation et ses accessoires	900	

(4) FOURNITURES ACCESSOIRES ET APPROVISIONNEMENTS. 260

(5) LANTERNE 3,400

(6) EMBALLAGE :

De l'appareil	130	
De la lanterne	90	220

Total. . . . . **8,160** fr.

	Appareil.	Lanterne.
Nombre des caisses	9	4
Poids des caisses.	900 k	850 k
Cube des caisses.	4 m 00	5 m 00

(1) L'armature se compose d'une colonne, pourvue de sa table de service; d'un chariot, formé de galets en bronze, roulant entre la colonne et un plateau denté qui supporte les lentilles.

(2) (Voir la note page 82.)

(3) ACCESSOIRES DE LA MACHINE DE ROTATION. Une manivelle, un tambour de renvoi, deux poulies de renvoi, un anneau à scellement, un poids, sa tige et quatre rondelles, du poids total de 60 kil. Un assortiment de vis de rechange.

(4) (5) (6) (Voir les notes pages 82 et 83.)

CINQUIÈME ORDRE

FEU FIXE VARIE PAR DES ECLATS DE 3 MINUTES EN 3 MINUTES.

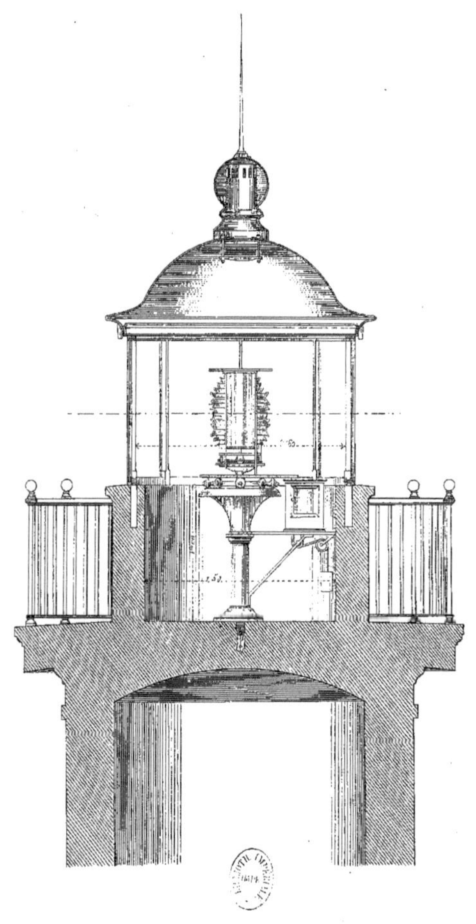

L. SAUTTER & Cie, Paris,

Echelle de 0,030, pr Mètre ou $\frac{1}{33}$

Le même, éclairant 5/6ᵉˢ d'horizon, ou **300 degrés**.

PARTIE OPTIQUE.

Un appareil à feu fixe éclairant 5/6ᵉˢ d'horizon		1,600	}
2 Lentilles à éléments verticaux pour les éclats.	250	500	) 2,100 fr.
Le reste comme à l'appareil précédent.			5,860
TOTAL			**7,960** fr.

Le même, éclairant 3/4 d'horizon, ou **270 degrés**.

PARTIE OPTIQUE.

Un appareil à feu fixe, éclairant 3/4 d'horizon		1,400	}
2 Lentilles à éléments verticaux pour les éclats.	250	500	) 1,900 fr.
Le reste comme à l'appareil précédent.			5,860
TOTAL			**7,760** fr.

Le même, éclairant 1/2 d'horizon, ou **180 degrés**.

PARTIE OPTIQUE.

1 Appareil à feu fixe, éclairant 1/2 d'horizon		1,100	(
2 Lentilles à éléments verticaux.	250	500	) 1,600 fr.
Le reste comme à l'appareil précédent.			5,860
TOTAL.			**7,460** fr.

Le même, à feu fixe blanc, varié par des éclats rouges.

Ajouter aux prix précédents :

2 Cadres mobiles en bronze	30	60	}
4 Glaces rouges à l'argent, dont deux de rechange.	15	60	) 120 fr.
Emballage du tout en une caisse,			
Pesant environ. . . . . . . 30 kil.			} 15
Cubant environ. 0ᵐᶜ10			)
TOTAL			**135** fr.

APPAREILS DE SIXIÈME ORDRE.

Diamètre intérieur de l'appareil . . . . $0^m,30$

Diamètre intérieur de la lanterne, mesuré entre deux montants opposés . . . . $1^m,40$

Diamètre intérieur de la murette. . . . . $1^m,30$

Diamètre extérieur de la murette . . . . $1^m,20$

Hauteur de la murette . . . . $1^m,00$

Diamètre extérieur minimum de la corniche dans le cas d'une balustrade en fonte . . . $3^m,00$

Poids approximatif :

        D'un appareil. . . . . 100 kilog. ⎞
        De sa lanterne . . . . 500 kilog. ⎠ 600 kilogrammes.

Consommation d'huile par heure. . . . . 90 grammes.

SIXIÈME ORDRE.

Feu fixe éclairant tout l'horizon, ou **360** degrés.

PARTIE OPTIQUE COMPLÈTE. . . . . 1,000 fr.

PARTIE MÉCANIQUE.

    (1) 1 Candélabre avec table de service . . . . 200 ⎫

    (2) 3 Lampes à niveau constant, avec bec de rechange. . . . . . . 180 ⎬ 380

(3) FOURNITURES ACCESSOIRES ET APPROVISIONNEMENTS 260

(4) LANTERNE 3,200

(5) EMBALLAGE

    De l'appareil . . . . 60 ⎫

    De la lanterne. . . . . 80 ⎬ 140

                             Total. . . . . **4,980** fr.

	Appareil.	Lanterne.
Nombre de caisses.	5	4
Poids des caisses.	550 ^{k}	750 ^{k}
Cube des caisses	2^m 00	4^m 00

(1) Il faut indiquer si le plancher de la chambre de service est en bois ou en pierre, la colonne se fixant, dans le premier cas à l'aide de vis, et dans le second cas à l'aide d'un plateau à scellement.

(2) Ces lampes s'accrochent extérieurement à l'appareil ; chacune d'elles est pourvue d'un bec de rechange et d'un entonnoir pour verser l'huile

(3) FOURNITURES ACCESSOIRES ET APPROVISIONNEMENTS.

Approvisionnements. Cent cheminées de cristal, vingt mètres de mèches, deux paquets de mèches pour lanterne d'allumeur, un kilog. de rouge à polir, un kilog. de blanc en pain, un litre d'esprit-de-vin.

Ferblanterie. Une pompe à soutirer l'huile, un filtre, une boîte de service, un grattoir triangulaire, deux seaux en cuivre, un égouttoir, une lanterne à une lucerne, une boîte pour le rouge, deux boîtes pour le blanc, une burette pour l'huile, deux mandrins pour poser les mèches.

Outils. Une pince à gruger, deux paires de ciseaux courbes, un tournevis, un marteau emmanché, une clef anglaise, une paire de pinces plates, une paire de pinces coupantes, un niveau à bulle d'air.

Brosserie. Six goupillons queue de rat, deux goupillons pour les cheminées, deux pinceaux pour le rouge à polir, deux plumeaux, deux peaux chamoisées, deux brosses d'horloger, deux brosses de boulanger.

Objets divers. Une enveloppe pour couvrir l'appareil. Une boîte en chêne à compartiment renfermant les outils et une partie des fournitures accessoires.

SIXIÈME ORDRE

FEU FIXE

L. SAUTTER & Cie, Paris,

Échelle de 0, 030, p^r Mètre, ou $\frac{1}{33}$

(4) Lanterne.

La lanterne se compose de huit montants en bronze, reliés par des entretoises en bronze et supportant une coupole en cuivre rouge. Il n'entre pas de fer dans sa construction. Elle est pourvue d'un paratonnerre à pointe de platine, d'un câble en fil de cuivre, ayant, à moins d'indication spéciale, vingt mètres de longueur. Elle est vitrée de glaces de sept à huit millimètres d'épaisseur.

Le prix de 3,400 fr. ne comprend pas la *balustrade extérieure* en fer et en fonte, qui est indiquée sur le dessin et dont le prix, comprenant l'emballage, est de 450 fr.

Elle est emballée dans deux caisses pesant environ. . . . . 450 kil.

Et cubant environ. . . . . $0^{mc},50$

Pour les lanternes à murette métallique, voir page 98.

(5) Emballage.

L'emballage est fait avec beaucoup de soin, comme il convient pour un voyage au delà des mers. Toutes les caisses de verre ou autres objets fragiles sont en contre-caisse; tous les objets craignant l'humidité sont mis en gras.

Le même, éclairant 5/6ᵉˢ d'horizon, ou **300 degrés.**

Partie optique complète . . . . 900 fr.

Le reste comme à l'appareil précédent 3,980

Total. . . . . **4,880** fr.

Le même, éclairant 3/4 d'horizon, ou **270 degrés.**

Partie optique complète . . . . 800 fr.

Le reste comme à l'appareil précédent 3,980

Total. . . . . **4,780** fr.

Le même, éclairant 1/2 d'horizon, ou **180 degrés.**

Partie optique complète . . . . 600 fr.

Le reste comme à l'appareil précédent 3,980

Total. . . . . **4,580** fr.

Le même, éclairant 1/4 d'horizon, ou **90 degrés.**

Partie optique complète. . . . . 400 fr.

Le reste comme à l'appareil précédent 3,980

Total. . . . . **4,380** fr.

Feu fixe rouge.

Ajouter aux prix précédents :

Six manchons rouges colorés à l'or, dont cinq de rechange, pourvus des galeries nécessaires pour les fixer sur les becs . . . . **120** fr.

FEUX DE PORT.

Un appareil dioptrique de 30 centimètres de diamètre éclairant tout l'horizon . . . . **800** fr.

Un   D°   D°   éclairant 3/4   D° . . . . **700** fr.

Un   D°   D°   éclairant 2/3   D° . . . . **650** fr.

Un   D°   D°   éclairant 1/2   D° . . . . **550** fr.

Nota. Chaque appareil est pourvu de trois lampes, dont deux de rechange.

Fournitures accessoires et approvisionnements se composant de :

Approvisionnements. Cent cheminées de cristal, vingt portes blanches, rouges ou vertes pour placer en avant de l'optique, vingt mètres de mèches, deux paquets de mèches pour lanternes d'allumeur, 1/2 kilog. de rouge à polir, 1/2 kilog. de blanc en pain, un litre d'esprit-de-vin.

Ferblanterie. Un filtre à huile, un égouttoir, une boîte pour le rouge, une boîte pour le blanc, une burette à huile, un mandrin pour poser les mèches, un grattoir triangulaire.

Objets divers. Deux ciseaux courbes, deux goupillons pour les cheminées, deux pinceaux pour le rouge, un plumeau, une peau chamoisée, une brosse d'horloger, une enveloppe pour couvrir l'appareil, une boîte à compartiments renfermant une partie des objets d'approvisionnement et des fournitures accessoires . . . . **250** fr.

Emballage en deux caisses

Pesant environ . . . . .   300 kil. . . . . }
Cubant environ . . . . .   2^{mc}00 . . . . }   **50** fr.

Un Candélabre en fonte de 6^m30 de hauteur, avec treuil, chaîne en fer galvanisé, guides, ressorts pour amortir les chocs. . . . . **750** fr.

Emballage dudit en deux caisses

Pesant environ. . . . . .   860 kil. . . . . }
Cubant environ . . . . .   1^m90 . . . . }   **60** fr.

Nota. On peut faire des colonnes plus ou moins hautes. Le prix en sera indiqué sur demande spéciale.

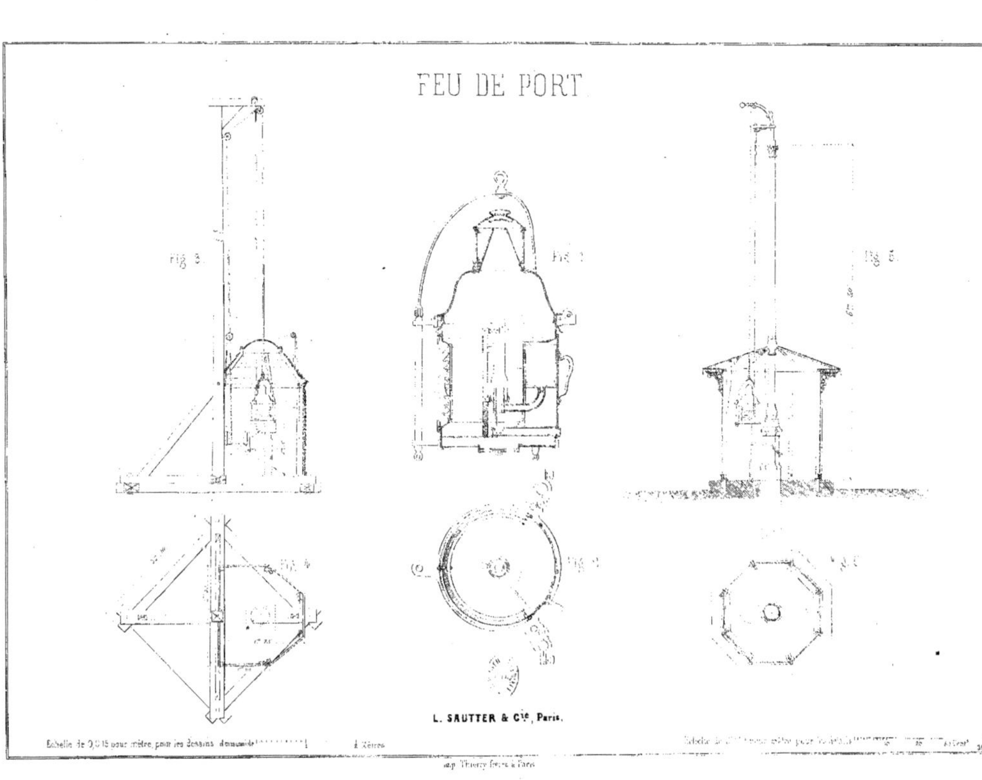

FEU DE PORT
Fig. 3
Fig. 2
Fig. 5
L. SAUTTER & Cⁱᵉ, Paris.
Echelle de 0,015 pour mètre, pour les dessins demandés
4 Mètres
Imp. Thierry frères à Paris

Une Cabane en fer pour l'allumage.

Les cabanes peuvent être faites de formes et de dimensions différentes ; le prix de celle représentée sur le dessin, en y comprenant la porte et les volets, serait d'environ. . . . . **1,200** fr.

Un Fanal catoptrique ou a réflecteur, dit sidéral Bordier Marcet, éclairant 300 degrés, avec lanterne en bronze disposée pour se hisser, comme les précédentes, au sommet d'un candélabre en fonte, et trois lampes, dont deux de rechange.

Grand modèle de 0^m35 de diamètre. . . . . **500** fr.
Petit modèle de 0^m20 de diamètre . . . . **300** fr.

FEUX DE DIRECTION.

Intensité lumineuse . . . . 500 *becs carcel.*

Partie optique composée d'un panneau lenticulaire de 15 centimètres de distance focale,
et d'un réflecteur sphérique en plaqué d'argent. . . . .   1,500 fr.

Lampes. Trois lampes à niveau constant.   180

Armature. Un bâti en fonte supportant l'appareil et les lampes avec candélabre et table
de service   400

Fournitures accessoires et approvisionnements. . . . .
Semblables à celles d'un phare de *sixième* ordre (voir pour le détail pages 88 et 89). . .   260

Lanterne.. . . . .
Semblable à celle d'un phare de *sixième* ordre (voir pour le détail pages 88 et 89) . . .   3,200

Emballage :
De l'appareil. . . . .   70 }
De la lanterne . . . .   80 }   150

Total. . . . .   **5,690** fr.

	Appareil.	Lanterne.
Nombre des caisses	6	4
Poids des caisses.	550 ^{k}	750 ^{k}
Cube des caisses.	2^m 50	4^m 00

On peut augmenter autant qu'on le veut l'éclat de ces appareils en en réunissant deux
ou un plus grand nombre sur un même bâti. On indiquera sur demande spéciale le prix
des appareils ainsi modifiés.

FEU DE DIRECTION.
VUE DE FACE. 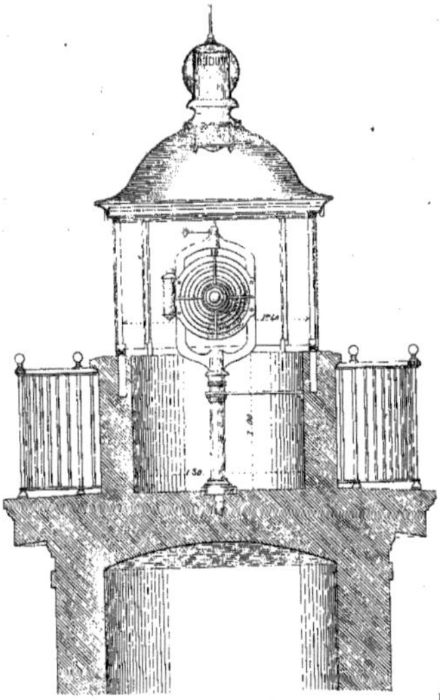
VUE DE COTE. 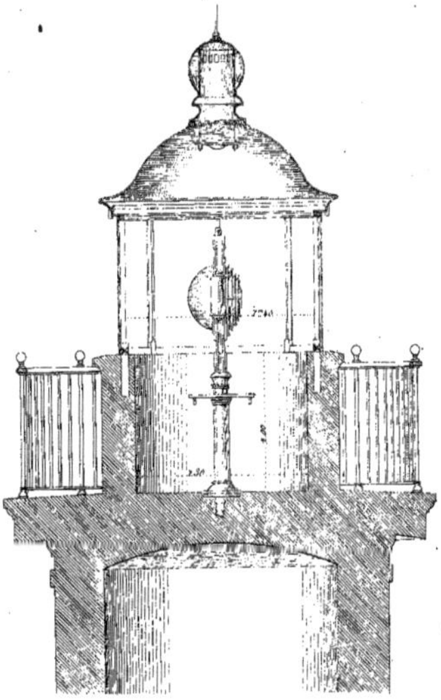
L. SAUTTER & Cie, Paris.
Échelle de 0,030. pr Mètre, ou 1/33
Métres
Imp. Thierry Frères, à Paris.
40

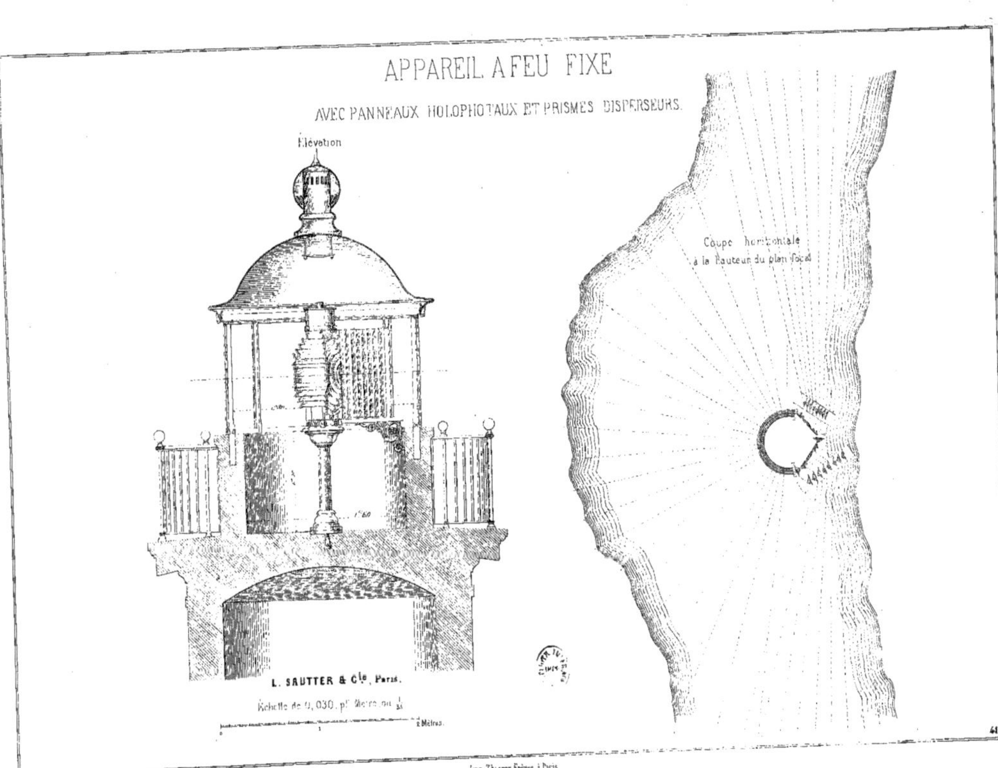

APPAREIL A FEU FIXE
AVEC PANNEAUX HOLOPHOTAUX ET PRISMES DISPERSEURS.
Élévation
Coupe horizontale
à la hauteur du plan focal
L. SAUTTER & Cie, Paris.
Échelle de 0,030 p.r. Mètre ou 1/33
Mètres.
Imp. Thierry Frères, à Paris

Feux de direction à prismes disperseurs.

(Système Th. Stevenson.)

Ces appareils, dont nous donnons le dessin planche 41, sont applicables toutes les fois que l'on a à éclairer un angle d'horizon étendu, et que l'on veut, en outre, envoyer une lumière plus intense dans une ou plusieurs directions déterminées. Dans ce but, on dispose une portion de l'optique comme il convient pour le feu fixe; le reste de la circonférence est pourvu de panneaux annulaires, qui ramènent à une direction unique et parallèle à leur axe tous les rayons qui les frappent. Une série de prismes verticaux, placés en avant de ces panneaux, dévient et dispersent chaque faisceau de la quantité convenable, suivant la position et l'étendue de l'arc d'horizon qu'il est destiné à éclairer.

Nous donnons ici le prix d'un appareil semblable à celui représenté sur le dessin. Toute demande d'un appareil du même genre devra être accompagnée d'une indication exacte de la manière dont la lumière doit être répartie.

Un appareil composé d'un panneau de feu fixe éclairant 204 degrés et de deux panneaux annulaires ou holophotes éclairant l'un 68 et l'autre 88 degrés. . . . . **4,800** fr.

Deux cadres en bronze pourvus chacun de huit prismes disperseurs. **2,200**

Emballage. **100**

Toutes les autres parties de l'appareil, telles que Lampes, Fournitures accessoires et approvisionnements, Lanternes, sont absolument semblables à celles des appareils de quatrième ordre. (Voir p. 68 et 69.)

FEUX FLOTTANTS.

Les appareils pour feux flottants sont de deux sortes :

Catoptriques ou a réflecteurs, et Dioptriques ou a prismes lenticulaires.

Les appareils catoptriques se composent d'une lanterne octogonale en cuivre rouge, disposée de manière à pouvoir être hissée au sommet d'un mât, et dans laquelle sont suspendues un certain nombre de lampes pourvues de réflecteurs paraboliques.

Ces appareils peuvent être fixes ou tournants.

Les appareils dioptriques se composent d'un nombre plus ou moins grand de fanaux lenticulaires, analogues à ceux décrits et figurés planche 39, page 90, et suspendus à une armature en fer qui se hisse en haut du mât.

Ces appareils sont toujours à feu fixe.

Appareil catoptrique à feu fixe (système anglais).

1 Lanterne de 1^m60 de diamètre, complète, en cuivre rouge, avec son vitrage en glaces .	5,500 fr.
8 Réflecteurs en plaqué d'argent.	1,000
8 Lampes à niveau constant.	600
8 Systèmes de suspension complets	1,200
1 Cadre.	350
Total	**8,650** fr.

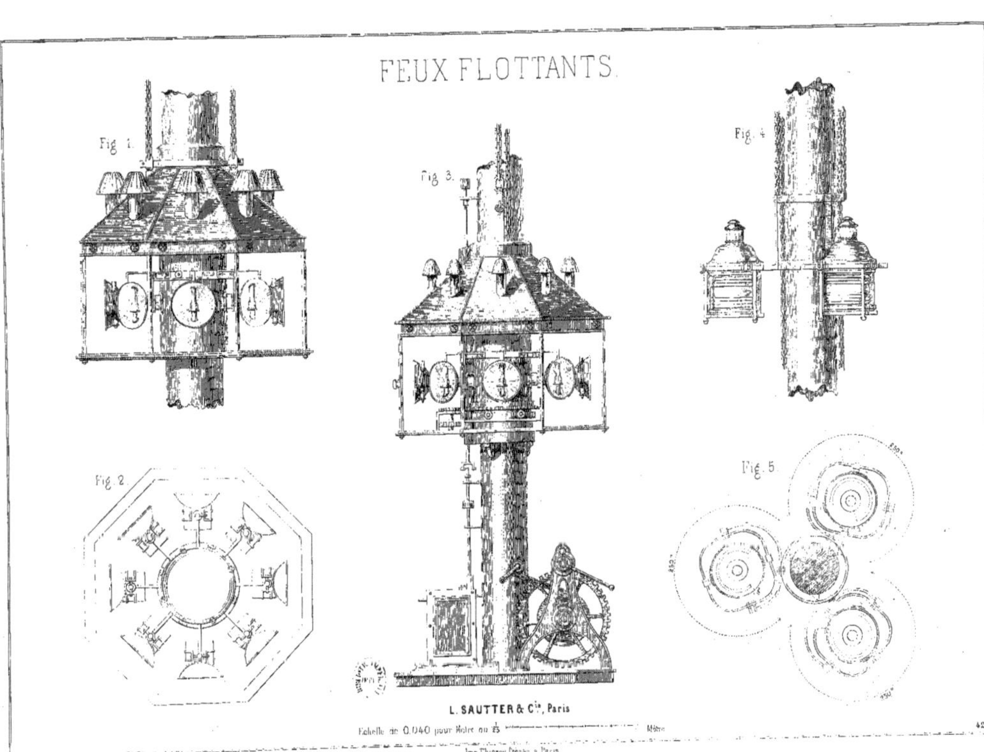

FEUX FLOTTANTS.
Fig. 1.
Fig. 2.
Fig. 3.
Fig. 4.
Fig. 5.
L. SAUTTER & Cie, Paris
Echelle de 0.040 pour Mètre ou $\frac{1}{25}$
Mètre
Imp Thierry frères, à Paris

Appareil catoptrique à feu tournant (système anglais).

---

1 Lanterne semblable à celle de l'appareil précédent.	5,500 fr.
4 Réflecteurs en plaqué d'argent.	500
4 Lampes à niveau constant.	300
4 Systèmes de suspension complets	600
1 Chariot mobile portant les réflecteurs et les lampes.	1,200
1 Transmission de mouvement	550
1 Machine de rotation	2,500

Total. . . . . **11,150** fr.

Appareil dioptrique à feu fixe.

---

3 Fanaux éclairant chacun 2/3 d'horizon, avec leurs lampes. . . . . à 650 fr.	1,950 fr.
1 Armature ou cadre destiné à supporter ces trois fanaux et à être hissé le long du mât. .	200
1 Treuil avec chaîne en fer galvanisé	400
Fournitures accessoires et approvisionnements comme pour les feux de port (page 90)	270
Emballage	100

Total . . . . **2,920** fr.

FANAUX.

POUR L'EXÉCUTION DU DÉCRET DU 28 MAI 1858.

FANAUX POUR BATEAUX A VAPEUR.

1° Grand modèle en verre poli, de 30 centimètres de diamètre intérieur (fig. 1).

Exclusivement employé pour l'éclairage des navires de guerre français. — Éclairage à volonté à l'huile ou à la bougie.

Un fanal éclairant 112 degrés. 30 min.	270 fr.
Un fanal éclairant 225 degrés	340
Un jeu composé de 2 fanaux de 112 degrés 30 min. un rouge et un vert, et de 1 fanal de 225 degrés, blanc.	880
Un jeu composé de 2 fanaux de 112 degrés 30 min. un rouge et un vert, et de 2 fanaux de 112 degrés 30 min., blancs.	1,080

2° Petit modèle en verre poli, de 20 centimètres de diamètre intérieur, *éclairage à volonté à l'huile ou à la bougie* (fig. 2).

Un fanal éclairant 112 degrés 30 min.	200 fr.
Un fanal éclairant 225 degrés	150
Un jeu composé de 2 fanaux de 112 degrés 30 min. un rouge et un vert, et de 1 fanal de 225 degrés, blanc.	500

3° Même dimension que le n° 2, avec cage rectangulaire en cuivre rouge, *éclairage à volonté à l'huile ou à la bougie* (fig. 3).

Mêmes prix que le n° 2.

4° Suspension à la Cardan (fig. 4).

Pour un jeu de 3 fanaux grand modèle	150 fr.
Pour un jeu de 4 fanaux d°	200
Pour un jeu de 3 fanaux petit modèle	120

Ces fanaux sont ordinairement livrés sans suspension, la disposition de celle-ci variant suivant la disposition du navire.

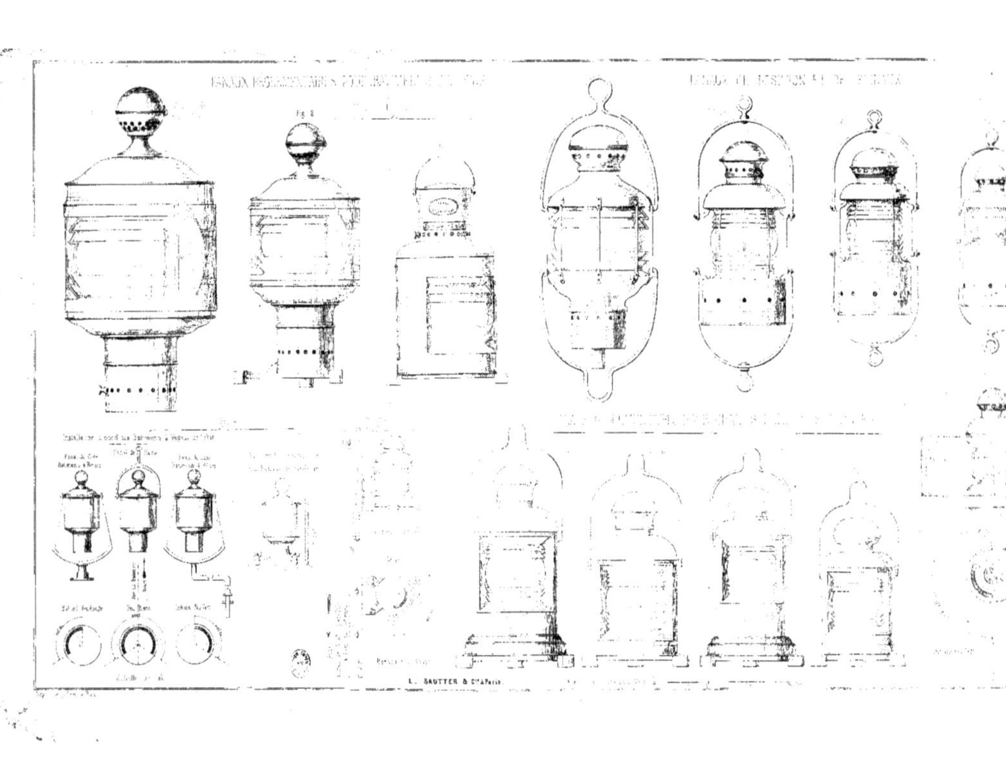
L. SAUTTER & Cie Paris.

5° Emballage et pièces de rechange :

	Grand modèle.		Petit modèle.	
Emballage d'un jeu de 4 fanaux	30 fr		»	fr.
Emballage d'un jeu de 2 fanaux	25	»	20	»
Un optique éclairant 225 degrés	200	»	100	»
Un optique éclairant 112 degrés 30 min.	135	»	60	»
Une porte blanche.	2	50	1	25
Une porte rouge ou verte	6	»	4	»
Un réflecteur	25	»	15	»
Un porte-bougie.	5	50	5	»
Une lampe	5	50	5	»

FANAUX CÒLORÉS ÉCLAIRANT 112 DEGRÉS, POUR GRANDS BATIMENTS A VOILES.

6° Grand modèle en verre moulé, rouge ou vert, de 15 centimètres de diamètre intérieur, *éclairage à volonté à l'huile ou à la bougie* (**fig. 5**).

Un fanal rouge ou vert.	65 fr.
Un jeu composé de 2 fanaux	130

7° Le même, *avec éclairage à l'huile seulement* (**fig. 6**).

Un fanal rouge ou vert.	55 fr.
Un jeu composé de 2 fanaux.	110

8° Modèle moyen en verre moulé rouge ou vert, de 12 centimètres de diamètre intérieur, *éclairage à volonté à l'huile ou à la bougie* (**fig. 7**).

Un fanal rouge ou vert.	50 fr.
Un jeu composé de deux fanaux	100

9° Le même, *éclairage à l'huile seulement* (**fig. 8**).

Un fanal rouge ou vert.	40 fr.
Un jeu composé de 2 fanaux.	80

FANAUX COLORÉS ÉCLAIRANT 112 DEGRÉS, AVEC ÉCRANS,
POUR PETITS BATIMENTS A VOILES.

10° Petit modèle en verre moulé rouge ou vert, de 9 centimètres de diamètre intérieur, *éclairage à l'huile seulement* (**fig. 9 et 10**).

Un fanal rouge ou vert	25 fr.
Un jeu composé de 2 fanaux.	50

FANAUX BLANCS OU COLORÉS ÉCLAIRANT TOUT L'HORIZON, POUR FEUX DE POSITION,
SIGNAUX, BATTERIES, ETC.

11° Modèle en verre poli de 20 centimètres de diamètre intérieur (fig. 11).

Avec éclairage à l'huile ou à la bougie.	260 fr.
Avec éclairage à la bougie seule.	250

12° Modèle en verre moulé de 15 centimètres de diamètre intérieur (fig. 12).

	Blanc.	Vert.	Rouge.
Avec éclairage à l'huile ou à la bougie.	85 fr.	90 fr.	95 fr.
Avec éclairage à la bougie seule	80	85	90

13° Modèle en verre moulé de 12 centimètres de diamètre intérieur (fig. 13).

	Blanc.	Vert.	Rouge.
Avec éclairage à l'huile ou à la bougie	65 fr.	70 fr.	75 fr.
Avec éclairage à la bougie seule	60	65	70

14° Modèle en verre moulé de 9 centimètres de diamètre intérieur (fig. 14).

	Blanc.	Vert.	Rouge.
Avec éclairage à l'huile ou à la bougie	38 fr.	40 fr.	43 fr.
Avec éclairage à la bougie seule	35	37	40

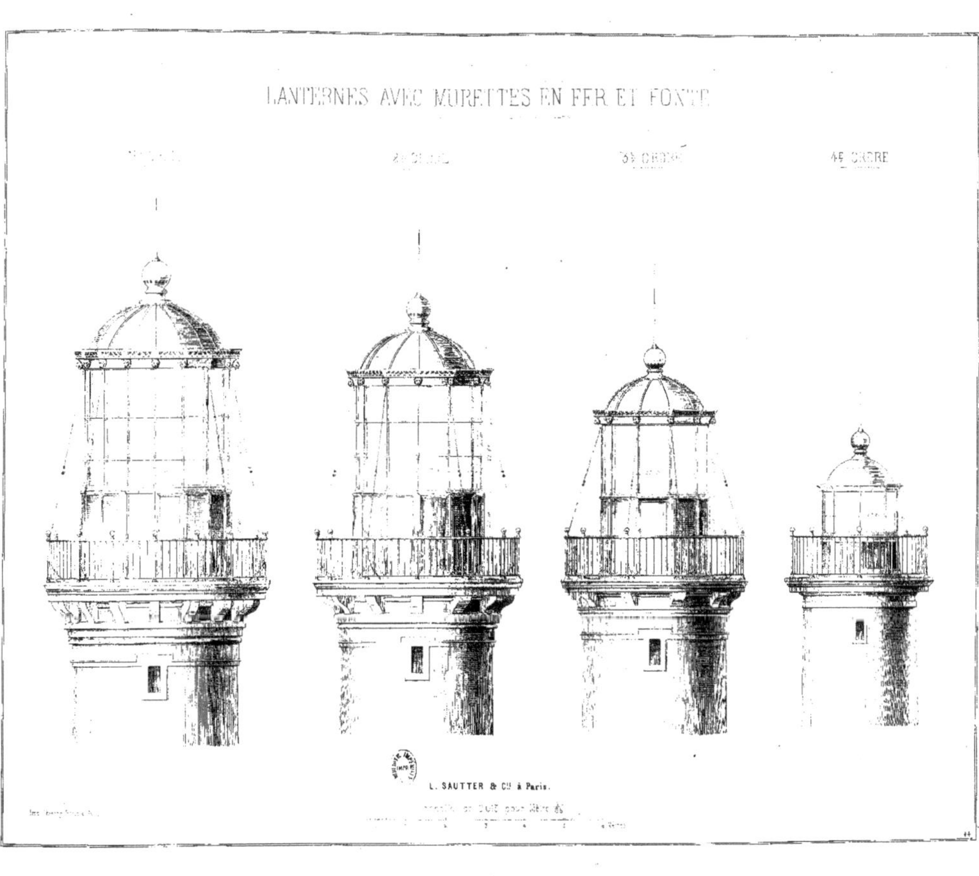

LANTERNES AVEC MURETTES EN FER ET FONTE
1er ORDRE
2e ORDRE
3e ORDRE
4e ORDRE
L. SAUTTER & Cie à Paris.

LANTERNES AVEC MURETTES MÉTALLIQUES.

On emploie les murettes métalliques au lieu de murettes en maçonnerie, soit pour simplifier la construction de la tour, soit pour augmenter la dimension de la chambre de service.

La planche ci-contre représente des lanternes à murettes métalliques pour phares de 1er, 2e, 3e et 4e ordre. Nous avons supposé que la galerie extérieure qui couronne la tour était en pierre de taille, mais elle peut aussi être formée de plaques en fonte, reposant sur des corbeaux en fer mortaisés dans les montants.

Les haubans représentés sur le dessin et qui relient le haut des montants à la balustrade de la galerie, augmentent la rigidité et l'immobilité de la lanterne; mais on peut les supprimer sans compromettre sa solidité, surtout si l'édifice n'est pas exposé habituellement à des vents très-violents.

Les prix ci-joints représentent approximativement l'accroissement de valeur d'une lanterne à murette métallique comparée à une lanterne ordinaire :

LANTERNE DE PREMIER ORDRE . . . . **10,000** fr.
LANTERNE DE DEUXIÈME ORDRE **7,500**
LANTERNE DE TROISIÈME ORDRE **5,000**
LANTERNE DE QUATRIÈME ORDRE **2,000**

Parquets en fonte et en fer. Escaliers.

Nous nous chargeons de la construction de parquets en fonte et en fer pour le sol de la chambre de service ou des différents étages de la tour, ainsi que des escaliers qui y conduisent. Le prix en sera donné sur demande spéciale.

FIN.